図解で学ぶ

14歳から身につける国際マナー

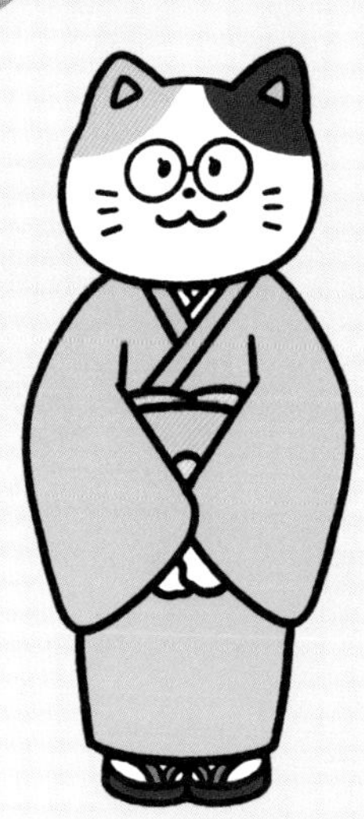

社会応援ネットワーク 著

現代礼法研究所主宰
岩下宣子 監修

はじめに

マナーはあなたの生活をより豊かなものにします。

マナーという言葉に、あなたはどんなイメージを持っていますか？ 「古くさい」「かた苦しい」「特別な時に必要なもの」という答えが返ってくることが多いです。その一方で、多くの人が「マナーのいい人にあこがれる。基本は知っておきたい」と言います。

では、マナーの基本とは何でしょうか。たとえば、朝の校門での「おはようございます」も、給食時の「いただきます」「ごちそうさま」も、親切にしてもらった時の「ありがとうございます」も、基本的なマナーのひとつです。そう考えると、マナーはそれほど古くさくもかた苦しくもなく、日々の生活の中で自然に身につけ、実践していることだとイメージしやすいでしょう。

マナーとは、自分や周りの人がともに心地よく生活するための、「思いやり」という目では見えない「心」を言葉や動作という「かたち」で表現したものだと言えます。人と人との付き合いの長い歴史の中で、「こうすればみんなが心地よく過ごせる」という知恵として、伝え継がれてきたのです。

ただし、マナーには絶対的な「正解」というものはありません。マナーは「思いやり」を表現したものだからこそ、文化や生活習慣などが違えば「かたち」も違います。国や地域によって、時代によっても意味合いが違っ

たり、変化したりするのです。

だから、単純に「かたち」を覚えるのではなく、「理由」につながる文化や歴史的背景を知って理解しておくことがとても大事です。その上で、その時その場で「思いやり」を持って対応すること。それこそがマナーの基本と言えるでしょう。

マナーの基本を理解しているという安心感は、心の余裕を生み出します。たとえば、テーブルマナーの基本を知っていれば、急な食事のお誘いがあってもドキドキしなくてすみます。その分、目の前のお料理や会話を楽しむことができるでしょう。

マナーは、あなたの心に余裕を与え、生活をより心豊かにしてくれるものなのです。

本書の使い方

この本は、見開きで一つのテーマとして完結しているのが特徴です。編集に当たっては、中高生のみなさんを中心にヒアリングを行い、33個の質問を取り上げ、4つのパートに整理しました。

もくじから、関心のあるページを見つけ、必要に応じて読み始めてみてください。自分事からスタートすると「マナー」を、より身近に感じることができるかもしれません。

本書は文字だけでなく、イラストや図解をたくさん使い、感覚的にも理解しやすくしています。

PART 3
日本の礼法を学ぼう

PART 4
国際マナーを学ぼう

もくじ

はじめに …… 2

PART 1 マナーについて知ろう

そもそもマナーって何なの? …… 8
マナーっていつ、誰が決めたの? …… 10
マナーとルールの違いって何? …… 12
エチケットとマナーの違いは何ですか? …… 14
母に「TPOをわきまえなさい」と言われたけど、どういうこと? …… 16
マナーと言われてもテーブルマナーしか思いつかないけど、ほかにどんなマナーがあるの? …… 18
マナーを身につけると好感度があがるよね。何からはじめればいい? …… 20
身だしなみはちゃんとしていたいけど、それって何のため? …… 22

PART1 参考文献・資料 …… 24

column
弱者への思いやりを説く現代にも通ずる古代エジプトの教え
『宰相プタハヘテプの教訓』 …… 25

PART 2 日常生活のマナーを考えてみよう

自分の家でもマナーって必要なのかな? …… 28
友だちとの約束に遅れて行ったら、マナー違反と怒られちゃった……。 …… 30
公園やお店など、公共の場所でのマナーって? …… 32
電車の中でものを食べるのはマナー違反なの? …… 34
友だちのマナー違反を注意したいけど、どう伝えればいい? …… 36
友だちからの誘いを感じよく断るには、どうすればいいの? …… 38
贈り物の渡し方、もらい方にもマナーがあるの? …… 40
お金を払ったり渡したりする時、どんなことに気をつければいい? …… 42
メールやメッセンジャーでやりとりする時のマナーって? …… 44
SNSでの情報発信にも、マナーが必要だよね? …… 46

PART2 参考文献・資料 …… 48

column
儒教の祖・孔子が教えるマナーの大切さ 『論語』 …… 49

PART3 日本の礼法を学ぼう

和食が流行ってるって本当? 和食のマナーを知っておきたい。…… 52
パーティーに呼ばれたんだけど好きな服で行ってもいいかな? …… 54
お葬式のマナーがわからないから知りたい。…… 56
訪問先で和室に通されました。洋室と和室ってマナーは違う? …… 58
話し方にもマナーってあるよね? …… 60
おばあちゃんがお土産を「つまらないもの」と
言って渡したんだけど、変じゃない? …… 62
入学祝の“ラッピング”。これが日本のマナー? …… 64
神社で外国人にお参りのしかたを聞かれたけど、正しいやり方って? …… 66

PART3 参考文献・資料 …… 68

column
世界に向けて紹介された日本人の道徳観とは 新渡戸稲造 『武士道』 …… 69

PART4 国際マナーを学ぼう

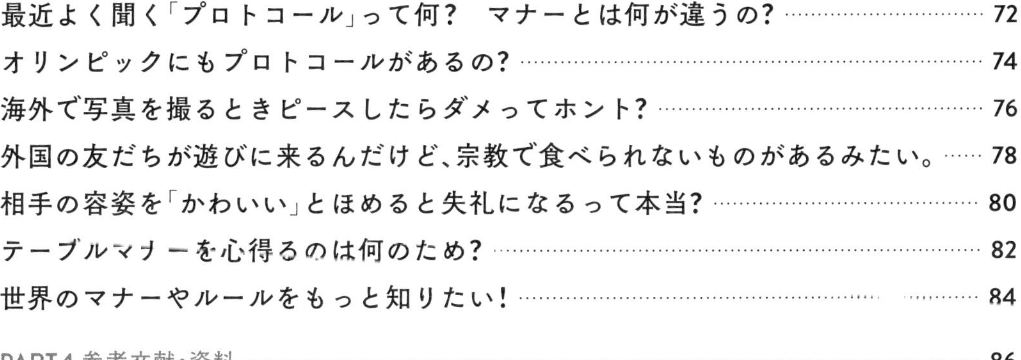

最近よく聞く「プロトコール」って何? マナーとは何が違うの? …… 72
オリンピックにもプロトコールがあるの? …… 74
海外で写真を撮るときピースしたらダメってホント? …… 76
外国の友だちが遊びに来るんだけど、宗教で食べられないものがあるみたい。…… 78
相手の容姿を「かわいい」とほめると失礼になるって本当? …… 80
テーブルマナーを心得るのは何のため? …… 82
世界のマナーやルールをもっと知りたい! …… 84

PART4 参考文献・資料 …… 86

column
ティファニーの会長が顧客用につくった冊子
『ティファニーのテーブルマナー』 …… 87

用語集&索引 …… 88
おわりに …… 90

礼儀作法は堅苦しいものではなく
単なる形式でもない、
社会生活の潤滑油です

松下幸之助

よいマナーは内面からにじみ出るもの。
それは、他人を思いやり、
自らを尊重するという、
生来の感覚を映し出したものです

エミリー・ポスト

PART 1

マナーについて知ろう

この章では、マナーの基本的な考え方や知識を学びます。社会が多様化し、さまざまな価値観、ライフスタイルの人たちが共に暮らすこれからの社会では、マナーがますます重要になると言われています。とはいえ、無数にあるマナーを覚えておくことは現実的ではありません。大切なことは「なぜそういうかたちになったのか」というマナーの本質や概念を理解しておき、さまざまな場面で応用できるようにしておくことです。その場にあった判断と行動ができるようマナーの基本を学んでおきましょう。

章もくじ

- そもそもマナーって何なの？
- マナーっていつ、誰が決めたの？
- マナーとルールの違いって何？
- エチケットとマナーの違いは何ですか？
- 母に「TPO をわきまえなさい」と言われたけど、どういうこと？
- マナーと言われてもテーブルマナーしか思いつかないけど、ほかにどんなマナーがあるの？
- マナーを身につけると好感度があがるよね。何からはじめればいい？
- 身だしなみはちゃんとしていたいけど、それって何のため？

Q そもそもマナーって何なの?

A 相手に対する「思いやりの心」がかたちに表れたものです。

マナーの基本は思いやり

相手に対する思いやりの心をかたちで表現するためには、相手や周囲への観察力や想像力も必要です。

マナーとは、場面に応じてとるべき行動や態度であり、礼儀のようなものとされています。では、なぜマナーがあるのでしょうか。「決まりだから」とか「人前で恥をかかないようにするため」と思っている人が多いかもしれません。でも、マナーは本来、一緒にいる人に恥をかかせないためのものなのです。相手を思い、安心させるための行為です。それは、同時に自分自身の安心感にもつながります。

マナーを知っておくことは、余計な心配をすることなく心に余裕をもって、堂々と自分らしく振る舞えることにつながります。

マナーは文化的、生活習慣的な背景があり、代々培(つちか)われ引き継がれてきたものです。日本と西洋、あるいは時代によって違うこともありますが、すべてのマナーの基本は「相手への思いやりの心」です。「あなたが大切」ということを伝えるためにマナーがあるのです。

すべてのマナーには理由がある

マナーにはすべて「なぜこの動作をするのか」という理由があります。歴史的あるいは生活習慣的背景から生まれた「かたち」が、「相手を喜ばせるため」「相手への思いやり」の気持ちで、世代から世代へと受け継がれてきました。

マナーは何のために？

● 周りの人を安心させるため

マナーは自分をよく見せるためではなく、一緒にいる人に恥をかかせないためのものです。周りの人がハラハラすることなく安心して過ごせるように、自分が身につけるものです。

● 自分の心に余裕を持つため

一人だけ場違いな服装や振る舞いでは落ち着きません。マナーをわきまえることで、余計な緊張をせず心に余裕ができ、よりその場を楽しむことができるようになります。

Q マナーっていつ、誰が決めたの?

A 本格的なテーブルマナーは、15～16世紀のヨーロッパが最初とされています。

文献として残る最も古いマナーに関する記述は、食事や行儀作法に関するもので、古代エジプト時代にさかのぼります。古代エジプト第5王朝（紀元前2498年頃～2345年頃）の宰相プタハヘテプによって書かれた教訓に、宮廷での行儀作法や食事の際の注意事項についての項目があります。つまり、4000年以上も前に、人と上手に付き合っていくための気遣い(きづか)や道徳について書かれていたことになります。

一方ヨーロッパでは、中世の頃から騎士道が重んじられ、騎士道精神に基づく礼儀やエチケットは各地に広まっていましたが、食事に関しては手で食べるのが主流でした。それは王族や貴族でさえも例外ではありません。

16世紀になってイタリアの名家・メディチ家の子女のカトリーヌがフランス王家に嫁ぐことになり、専属のシェフが付き添いました。メディチ家ではすでにテーブルマナーを確立していたので、手づかみで豪快に食べるフランス王家の食事を見て驚いたシェフがナイフやフォークの使い方を指南する『食事作法の50則』をまとめました。この世界最初のテーブルマナー書が、やがてヨーロッパ各地に広まり、現在に通じるテーブルマナーが確立したとされています。

マナーの起源は古代エジプト

古代エジプトでは、4000年以上も前から食事の行儀作法がパピルス紙などに記されています。

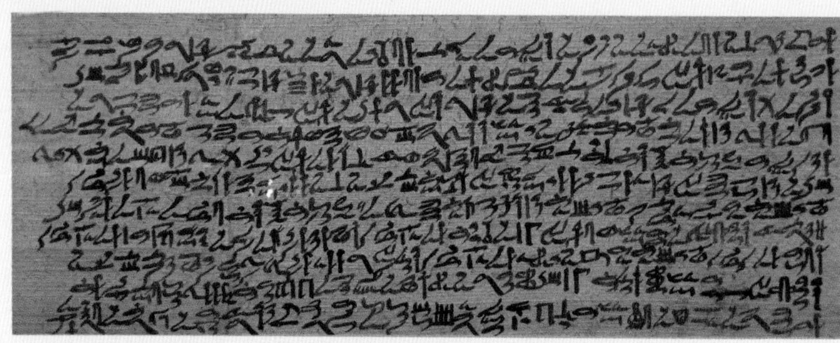

『宰相プタハヘテプの教訓』現存する最古の版はプリス・パピルスと呼ばれる版で、パリのフランス国立図書館に所蔵されています。

Egyptien 187. Enseignement de Ptahhotep（75-123）

https://commons.wikimedia.org/wiki/File:Papyrus_Prisse_187.jpg

- 「人々と食事するときは目上の人に従いなさい」
- 「皆が笑うときは自分も笑いなさい」
- 「食事の席では自己主張をせず、上の人の見方で物事を見なさい」

ヨーロッパの
テーブルマナーの変遷

作法としてのナイフやフォークの使い方が広まったのは16世紀になってからです。それまでは手づかみで食べるなど粗野な食事方法でした。

12～14世紀頃

当時は王族や貴族の間にも食事のマナーはなく、ナイフやフォークも使われることはなかったようです。

- 汚れた手はテーブルクロスで拭く
- 手で食べるのが主流
- 席は自由で、目の前にあるものを食べる。

16世紀

メディチ家の子女がフランス王室に嫁入りする際、同行のシェフがテーブルマナーを『食事作法の50則』として著しました。

- 汚れた手や口元はナプキンで拭く
- ナイフとフォークを使って一口ずつ切り分けて食べる
- スープは音を立てずに飲む

17～18世紀

ヨーロッパ各地に広まったテーブルマナーは、国により独自のアレンジが施されました。フランス式とイギリス式の違いの始まりです。

19世紀に日本に初めて伝わった洋風テーブルマナーも、起源は同じと言われています

フランス式とイギリス式

フランス式とイギリス式では、フォークやナイフの使い方など、テーブルマナーに様々な違いが見られます。特にわかりやすいのはスープのすくい方で、フランス式では、スプーンを前方から手前に運びますが、イギリス式では逆に手前から前方へ運んですくいます。これは、フランスでは、スプーンの背についている家紋を向かい側にいる人に見せるためと言われます。

Q マナーとルールの違いって何?

A マナーは相手を思いやる心遣いで、ルールは守らないといけない規則です。

マナーとルールは、人との付き合いや社会生活を円滑に送る上で欠かせないものです。どちらも社会や集団、公共の場所などで、周囲の人に不快な思いをさせたり迷惑をかけたりしないためのものですが、両者には大きな違いがあります。

マナーの基本は「相手に対する思いやりの心」です。その場にいる誰もが気持ちよく過ごせるように、また、あとから来た人が不快な思いをすることのないように、私たち一人ひとりが心がけるもので、たとえ実行しなくても罰則はありません。

一方ルールは、社会生活や集団内の生活や行動に支障を来すことのないように定められた法令や規則のことで、守らないといけない決まりごとです。

例えば交通ルールを例にとると、一人でもルールを無視して自分勝手な行動をすれば事故が起こります。また、みんなが守らないと社会全体が無秩序になってしまいます。そうならないために定められているのが法令や規則で、違反すると罰則やペナルティーが科せられます。これがマナーとルールの大きな違いといえるでしょう。

交通ルールの中にもマナーが?

道路交通法で定められている交通ルール以外にも、心がけるべきマナーがあります。自動車だけでなく、自転車に乗る時や道路を歩く歩行者として、お互いに事故の加害者や被害者にならないために、一人ひとりが実践しましょう。

マナーとルールの違い

どちらも似た意味を持ちますが、両者には大きな違いがあります。

【Manner】

▶意味
強制ではないが、守った方がよい節度のある態度や振る舞い、礼儀のことで、基本コンセプトは「相手に対する思いやり」です。

▶例
- テーブルマナー
- 公共マナー
- ビジネスマナー
- 暮らしのマナー

▶違反した場合のペナルティー
なし

【Rule】

▶意味
規則や規制、慣例、約束など、守らなければいけない決まりごとのことで、法令も含まれます。

▶例
- 交通ルール
- 学校のルール
- 社会のルール
- 各種法令
- ゲームなどのルール

▶違反した場合のペナルティー
あり

テーブルマナー

交通ルール

ペナルティーはなくても、マナーある行動をとらないとお互いが気持ちよく過ごせなくなってしまいます。

○ ×

Q エチケットとマナーの違いは何ですか?

A 対象が特定の相手か、公共の場の不特定多数かで使い分けているケースが多いです。

エチケットとマナーは、どちらも社会生活において気持ちよく過ごすために欠かせないものですが、意味や使い方に少し違いがあります。

エチケットは、服装や身だしなみ、話し方、食事の仕方など、おもに目の前にいる相手に対する心配りや思いやりであるのに対し、マナーは、社会や集団、公共の場での不特定多数に対して不快な思いをさせない心遣(づか)いや振る舞いに使います。どちらも「思いやり」「心配り」であり、重なる部分も多い言葉ですが、向ける対象が違うと考えればわかりやすいでしょう。

これと似た言葉にモラルとルールがあります。モラルは、個人の良心や価値観に基づいた「物事の善悪を図る基準」のことで、マナーが客観的な意味合いを持つのに対し、モラルは主観的なものです。「ウソをつかない」「迷惑をかけない」などの規範や道徳と考えればわかりやすいでしょう。一方ルールは、秩序を維持するために定められた「規則」です。交通ルールのように、違反すると罰則やペナルティーがある点が他とは大きく違います。

エチケット、マナー、モラル、ルールは、そのどれもが社会生活を安全に気持ちよく過ごすために欠かせないものであり、人間同士の信頼関係を築き、維持するためにも、心得ておきたい大切なことです。

根底にあるのは「愛」

すべての基本は「愛＝思いやり」です。良好な人間関係のためにも心得ておきましょう。

基本は「相手を思いやる心」

▶エチケット
おもに目の前にいる相手に対する心配りや思いやり。
例　・咳(せき)エチケット　・服装や身だしなみ

▶マナー
社会や公共の場など不特定多数に対する心遣いや振る舞い。
例　・テーブルマナー　・電車内のマナー

▶モラル
個人の主観や価値観による道徳的なわきまえごと。
例　・ウソをつかない　・迷惑をかけない

▶ルール
日本語の規則にあたり、守らないと罰則やペナルティーがある。
例　・交通ルール　・校則

エチケットとマナー

どちらも社会生活には不可欠なもので、共通する部分も多いですが、それぞれ対象が違います。

【Etiquette】

▶意味　目の前にいる相手など、狭い範囲で接する人に対する心配り

▶対象　目の前にいる相手

▶シーン　人と接する場面など

▶例
- 咳エチケット
- 服装や身だしなみのエチケット

【Manner】

▶意味　社会や公共の場などで不快感を与えない心遣い

▶対象　公共の場所や社会空間など比較的広い範囲にあるものや、そこにいる人

▶シーン　美術館や図書館、レストラン、電車の中など

▶例
- 美術館などで大声で話さない
- テーブルマナー
- 電車の乗り方や車内での振る舞いなど

Q 母に「TPOをわきまえなさい」と言われたけど、どういうこと?

A 時(Time)と場所(Place)と場面(Occasion)を考えて行動することです。

TPOは、時(Time)、場所(Place)、場面(Occasion)の頭文字を取った言葉です。一般的に、状況にふさわしくない服装や振る舞いに対して、「TPOをわきまえなさい」と諭(さと)す時にこの言葉が使われます。当然ですが、季節、気温、時間帯、会う相手などが変われば、ふさわしい装いも変わります。「いつ」「どこで」「どんな場面で」……と、具体的に考えて服を選べば、快適に過ごせて、居心地の悪い思いもせずに済みます。

服装以外にも、公の場面での行動や発言についてもTPOへの配慮が必要です。結婚式やお葬式、レストランなどでは、それぞれのTPOに適った服装や行動が、慶弔(けいちょう)マナーやテーブルマナーとしてあらかじめまとめられています。

場違いな服装や振る舞いによって、お祝いやお悔やみの席など、特別な場の雰囲気を悪くしないためにも、TPOをわきまえた行動を心がけましょう。

TPOとは

場違いな服装や行動で雰囲気を壊さないために、季節や時間、場所などの状況を考えて、その場に合う服装を選んだり行動したりすることです。

Time

▶時や時間を考えよう。

季節はいつ? 時間帯は朝か昼か? または夜? 天気は? 平日か休日かによっても状況は変わります。

Place

▶場所を考えよう。

行き先は学校? 海? 山? 高級なレストラン? 場所によってふさわしい装いを心がけましょう。

Occasion

▶場面や場合を考えよう。

学校などの公式な行事なのか、それとも遊びなのか? 結婚式やお葬式など、場面や場合によって当然装いも違ってきます。

普段の私服のどこがNG？

以下は、2つの異なる状況で、なぜこの服装がふさわしくないのかを説明したものです。

どこへ行くの？
着ていく服を考えなさい！

Situation 1

T 秋の日曜日

P 山

O ハイキング

NG▶ 半袖・半ズボンなどの軽装

ケガをしやすいほか、天候によっては寒くなるので危険です。

NG▶ 不十分な装備

思わぬケガや事故に備えて、事前準備を怠らないように。

NG▶ サンダルばき

しっかりした靴でないと大きなケガにつながります。

ハイキングなどでは、安全のためにもTPOを考えた服装選びを心がけましょう。

Situation 2

T 土曜日の昼

P レストラン

O 親戚の結婚パーティー

NG▶ Tシャツや半ズボン

場違いな服装は自分も周りも居心地が悪くて不安になります。

NG▶ だらしない恰好(かっこう)はNG

せっかくの良い雰囲気を壊さないよう、きちんとした服装で。

NG▶ サンダルばき

公式な場所ではサンダルばきはNGです。

制服は公式な場所やパーティーでもOKですよ

Q マナーと言われてもテーブルマナーしか思いつかないけど、ほかにどんなマナーがあるの?

A 快適な社会生活をおくるために必要なさまざまなマナーがあります。

さまざまなマナー

私たちが暮らす社会や集団、日常生活においてもさまざまなマナーがあります。

テーブルマナー

和食・洋食・中華料理のほか、ビュッフェスタイルや立食パーティーにも、それぞれに適応したテーブルマナーがあります。

公共マナー

電車などの乗り物を利用するときや、公園や図書館、美術館などの公共施設を利用するときのマナーです。

お客様に接するときに求められる所作に関するマナーです。「明るく」「ていねい」「正しい言葉遣い」「清潔感」などはおもてなしの基本です。

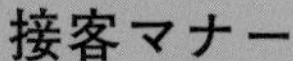

接客マナー

オフィスやビジネスの場に適応するマナーのことで、電話やメール、文書の書き方、名刺交換など、場面に応じたマナーがあります。

ビジネスマナー

マナーとは、誰もが快適に暮らすために、一人ひとりが心がけるべき心遣い（づか）のことです。食事にも、和食・洋食・中華料理など、それぞれに応じたテーブルマナーがあるように、ビジネスシーンにはビジネスマナーが、電車やバス、図書館や公園など公共の乗り物や施設を利用する時には公共のマナーがあります。また、冠婚葬祭やご近所とのお付き合いなど、日々の暮らしの中にもさまざまなマナーがあります。

このように、私たちが快適な社会生活をおくる上では、いろいろな場所や場面で必要なマナーが数多く存在します。ルールと違って強制力はありませんが、お互いが気持ちよく過ごすためには欠かせないものです。マナーは「相手への思いやり」であると同時に「自分の心を安定させるもの」でもあります。あわてることなく、心豊かな生活を送るために、一人ひとりが常に心がけていたいものですね。

慶弔マナー

慶事はお祝い事、弔事はお悔やみ事のことです。結婚式やお葬式など、いわゆる冠婚葬祭の行事で慌てないためにも心得ておきたいマナーです。

暮らしのマナー

日常生活にも必要なマナーがあります。家の中ではリビングやトイレなど共有空間の使い方、ゴミ出しのマナーなど、周囲とのお付き合いにも心配りが必要です。

豆知識

日本のマナーは外国で通じない？

日本では当たり前のことが外国では通じなかったり、まったく逆の意味にとられたりすることもあります。世界の国々にはそれぞれ独自のマナーがあり、もちろん日本も例外ではありません。世界で通用する国際人になるためにも、各国の代表的なマナーは心得ておくとよいでしょう。

今ならSNSやメールでのマナー、手紙のマナー、贈（おく）り物をする時や受け取る時のマナーなど、さまざまなマナーがあります

Q マナーを身につけると好感度があがるよね。何からはじめればいい?

A すべての好感はあいさつから始まります。人間関係のマナーの基本でもあります。

社会生活を送る上で、人間関係をスムーズにするのに重要な要素は「あいさつができること」と「お礼が言えること」だと言われています。

日本では、多くの学校が「朝のあいさつ」を生活目標として掲げています。学校内で「自らすすんであいさつしましょう」というような標語を目にしたことがあるのではないでしょうか。逆にいえば、目標にするほどちゃんとできていない人が多いとも言えます。

そんな中で、常に気持ちのよいあいさつを心がけ、習慣にすることであなたの好感度はあがり、より良い人間関係を保ってくれることでしょう。

厳密(げんみつ)には、あいさつにもTPOがありますが、日常生活を送る上で、まず覚えておくとよいポイントは、「あかるく」「いつでも」「さきに」「つづけて」の四つです。頭文字をとると「あ・い・さ・つ」になるので覚えやすいでしょう。

その中でも、とくに「さきに」は、重要なポイントです。向こうからあいさつしてくれる人に嫌な感情を抱く人はいませんよね。先にあいさつをすれば、きっとあなたは「感じの良い人」にうつるでしょう。ただし、好感度をあげることが目的になってしまっていては、その気持ちが相手にも透けて見えてしまうかもしれません。

自分自身や周りの人の毎日をより豊かで心地よいものにするために「あ・い・さ・つ」を心がけてください。

そして、たとえ相手があいさつを返してくれなくても、自分から「さきに」に「つづけて」いくうちに、自然と好感度の高い人になっていることでしょう。

豆知識

あいさつの語源

あいさつ(挨拶)は禅の「一挨一拶(いちあいいっさつ)」という言葉に由来しています。「挨」と「拶」にはどちらも「押する」「迫る」という意味があり、元々は師匠が弟子に修行の進み具合や状態を確認するための問答をすることを表しています。

毎日を快く過ごすためには上位者から先にあいさつすることも必要です。

調子はどう?

あいさつの基本と覚え方

気持ちのよいあいさつを心がけ、より良い人間関係を保ちましょう。ポイントは、「あかるく」「いつでも」「さきに」「つづけて」の四つ。頭文字をとると「あ・い・さ・つ」になります。

あ

「あかるく」笑顔で元気に

「目は口ほどにものを言う」という言葉どおり、つまらない顔であいさつしても不快な感じを与えます。相手の目を見て「明るい笑顔」、「元気なあいさつ」を心がけましょう。

い

「いつでも」変わらない態度で

日によって態度が違っていては相手に不信感を与えます。いつも変わらないあいさつは、相手にも自分にも安心感を与え、より良い人間関係を築きます。

さ

「さきに」自分からすすんで

人と出会った時には先にあいさつすることを心がけましょう。誰でも元気にあいさつされると気持ちのいいものです。

つ

「つづけて」毎日あいさつしよう 言葉をつづけてみよう

何事も継続が大切です。あいさつも毎日行いましょう。また、「こんにちは、いいお天気ですね」などの言葉を続けることで気持ちが伝わり、よりスムーズな会話も生まれます。

「あいさつは万国共通の
人生のパスポート」です。

かっこいい大人になるために

日本人特有のマナーであるおじぎとともに美しいあいさつを心がけましょう。

「語先後礼（ごせんごれい）」の心得

相手に身体を向け、目を見て体勢を整えたら、まずは明るく元気に発声し、その後におじぎをするのがフォーマルなマナーです。

1

相手に身体を向ける、目を見る

2

明るく言葉を発する

3

おじぎをする

Q 身だしなみはちゃんとしていたいけど、それって何のため?

A きちんと身なりを整えることで第一印象が良くなり、気持ちも前向きになります。

よく、小中学校などで、「身だしなみをきちんと整えましょう」といった標語を目にします。なぜ私たちはいつでも身だしなみを整えることを求められるのでしょうか。それにはいくつかの理由があると考えられます。

一つ目は、特に初対面の相手に対して、きちんとした身だしなみは好ましい印象につながり、安心感を与えるということです。例えば、客の立場になった時、店員の身なりが汚れていてだらしない店と、清潔できちんとした店の、どちらに入店したいと考えるでしょうか。身だしなみは、より良い関係性を築くための第一歩です。

二つ目は、身だしなみを整えることで、自分の気持ちを切り替えることができるということです。例えば、早起きした直後には眠くて頭がぼんやりしていても、朝の身支度をして制服に袖を通すと、気分がシャキッと引き締まり、「よし、学校に行こう!」と気持ちが切り替わることがあるのではないでしょうか。このように、身だしなみには、プライベートと仕事といったモードを転換したり、モチベーションを高めたりする効果もあるのです。

三つ目の理由は、きちんとした身だしなみは、自信につながり、積極的な行動を促すということです。みなさんも、買ったばかりの靴や洋服を身につけて外出した時に、心が躍るような高揚感を抱いた経験があるのではないでしょうか。それと同様に、身だしなみを整えることには、自分自身を勇気づけて、背中を押してくれる力もあるのです。

基本は「自分の好きな服装や髪型」で大丈夫。ただし、TPOへの配慮も忘れずに

誰もが、自分らしさを表現する手段として、好きなファッションや髪型を選ぶことができます。また、他人のスタイルについて、あれこれ指図したり、否定したりする権利は誰にもありません。一方で、お悔やみの席に派手な服装で列席するのは、故人や遺族に対して失礼にあたる場合もあります。各自が、場所や状況にふさわしい身だしなみを判断することが大切です。

印象が良くなる身だしなみのポイント

外見だけで人の印象が決まるわけではありませんが、整った身だしなみは好印象を与えます。

- ブラシで髪をとかす

髪をとかして寝ぐせをなくしましょう。

- 顔を洗う

洗顔して、目やにや汚れを取り除きましょう。

- 歯みがき・うがいをする

食後にはうがいをして、口臭を防ぎましょう。

- つめを短く整える

長いつめは不衛生な印象を与えます。

- 服にシワや汚れがないか

汚れた服はだらしなく見えます。

- ハンカチ・ティッシュを携帯する

持っていないせいで困ってしまう状況も。

- 場所や状況にふさわしい服装

極端に場違いな服装は避けた方がよいでしょう。

他人はこんなことも気になっている！

- ふけや体臭がないか
- 無精ひげが生えていないか
- 香水や香料が強すぎないか
- メイクが濃すぎないか

- 靴はきれいな状態に

足元の汚れは案外と目立つものです。

場面にふさわしくない服装は、相手に対して失礼にあたる場合も……

PART 1 参考文献・資料

【書籍・論文・報告書】

- 『マナーとエチケットの文化史』ベサニー パトリック 著　上原裕美子 訳　原書房
- 『12歳までに身につけたいルール・マナーの超きほん』岩下宣子 監修　朝日新聞出版
- 『図解 社会人の基本 マナー大全』岩下宣子 著　講談社
- 『図解 社会人の基本 敬語・話し方大全』岩下宣子 著　講談社
- 『図解 日本人なら知っておきたいしきたり大全』岩下宣子 著　講談社
- 『マナーのすべてがわかる便利手帳』岩下宣子 監修　ナツメ社
- 『一生使える！大人のマナー大全』岩下宣子 監修　PHP研究所
- 『冠婚葬祭マナーの新常識―withコロナ時代に対応！』岩下宣子 監修　主婦の友社
- 『大人の冠婚葬祭マナー新事典』岩下宣子 監修　朝日新聞出版
- 『本当の幸せを手に入れるたったひとつのヒント』岩下宣子 著　主婦の友社

【Webサイト・記事】

- **「テーブルマナーの歴史」 日本金属洋食器工業組合**
  https://www.youshokki.com/
- **『私たちの道徳　中学校』 文部科学省**
  https://www.mext.go.jp/component/a_menu/education/detail/__icsFiles/afieldfile/2014/12/01/1344901_4.pdf

教訓の一例
- 知識があるからといって、傲慢になってはいけない
- 人の上に立つ者は、あらゆる行いをマアトに従って行う
- 人を中傷してはいけない

エジプトのサッカラ遺跡にある、プタハヘテプの墳墓に描かれたレリーフ。

▶正義の女神「マアト」

古代エジプト人は、マアト（正義、公正、真理）こそが、世界の秩序の根幹だと考えていました。マアトは、羽をシンボルとする女神として擬人化されます。

弱者への思いやりを説く
現代にも通ずる古代エジプトの教え
『宰相プタハヘテプの教訓』

礼儀作法について書かれた文献として最も古いのは、古代エジプト第5王朝（紀元前2498年頃〜2345年頃）の時代にさかのぼります。当時の王ジェドカラー・イセシに仕えたプタハヘテプがまとめた教えを、彼の孫が『宰相プタハヘテプの教訓』として編集しました。

驚くことにその内容は、「生きている限り自分の心に従いなさい」「割り当て以上を望んではいけない」「弱いものを苦しめてはいけない」「敬意を払ってもらいたいなら女性に言い寄ってはならない」など、現代にも十分当てはまることが4000年以上も前に書かれていたことになります。一方で、男女の役割の差や目上の人に対する態度など、当時の状況に即したことも書かれています。これらはすべてマアト（正義）を基盤に書かれたものであり、当時の社会秩序や情勢を知る上でも興味深いものとなっています。

プタハヘテプの教えには、現代的ではない部分もあるとはいえ、女性や病人、子どもなど、弱者を思いやる気持ちに主眼が置かれています。そしてそれは現代でも十分に通じるものです。

『エジプト神話集成』

ちくま学芸文庫
杉 勇／屋形禎亮 訳
筑摩書房 刊

「ホルスとセトの争い」などの神話のほか、「宰相プタハヘテプの教訓」「ピラミッド・テキスト」など、神々への讃歌（さんか）、処世訓を原典から直接訳出して収録。

私たちがみんなで、
小さな礼儀作法に気を付けたなら、
人生はもっと暮らしやすくなる

チャールズ・チャップリン

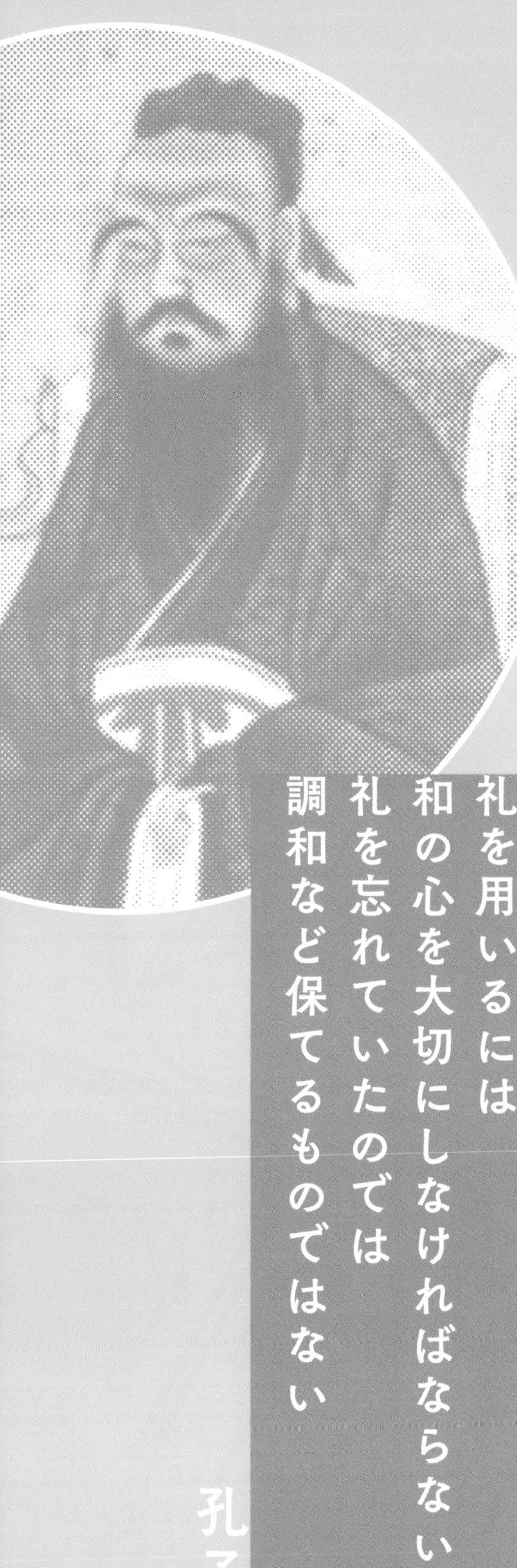

PART 2

日常生活のマナーを考えてみよう

この章では、日常生活を送る上で身につけておきたいマナーについて学びます。自宅や学校、電車の中や飲食店など、暮らしのあらゆる場面において、お互いが気持ちよく過ごすためにマナーがとても大切です。場所や状況が変わっても、相手を思いやる気持ちがマナーの基本です。全ての人が快適に過ごすためにはどんなマナーが必要なのか、さまざまな場面について考えてみましょう。

礼を用いるには
和の心を大切にしなければならない。
礼を忘れていたのでは
調和など保てるものではない

孔子

章もくじ

- 自分の家でもマナーって必要なのかな？
- 友だちとの約束に遅れて行ったら、マナー違反と怒られちゃった……。
- 公園やお店など、公共の場所でのマナーって？
- 電車の中でものを食べるのはマナー違反なの？
- 友だちのマナー違反を注意したいけど、どう伝えればいい？
- 友だちからの誘いを感じよく断るには、どうすればいいの？
- 贈り物の渡し方、もらい方にもマナーがあるの？
- お金を払ったり渡したりする時、どんなことに気をつければいい？
- メールやメッセンジャーでやりとりする時のマナーって？
- SNSでの情報発信にも、マナーが必要だよね？

Q 自分の家でもマナーって必要なのかな?

A 家族みんなが気持ちよく生活できるように、気配りが大切です。

家庭の中で大切にしたいマナーいろいろ

家族全員が気持ちよく生活するために、以下のようなマナーは最低限守るようにしましょう。お互いに気配りをすることが大切です。

- **洗面所、トイレ、浴室はきれいに使う**

共同で使用する場所や設備は、いつも清潔に保つよう心がけて、もしも汚れたら各自が掃除をしましょう。

- **取り出した物を片付ける**

物を取り出した場合は、人まかせにせずに必ず自分で元あった場所に片付けましょう。

- **外出時は行き先と帰宅時間を告げる**

出かける時は、家族に「誰とどこに行くのか」「何時に帰るのか」を伝えておきましょう。

- **あいさつをする**

「おはよう」「ただいま」「いただきます」などのあいさつをすることで、関係性を良好に保てます。

- **靴を揃える、上着を掛ける**

帰宅したら、玄関の靴を揃えて、脱いだ上着はコートフックなどに掛けるようにしましょう。

マナーは、「相手を思いやる気持ち」の表れです。学校や公共の場所だけではなく、家の中で家族が相手でも必要なものです。家族の仲がよいからといって、気配りをしなくても構わないというわけではありません。むしろ、同じ屋根の下で暮らす家族同士だからこそ、お互いへの思いやりが欠かせません。全員が自分さえよければいいという考えのもとに行動していては、共同生活は成り立たなくなり、家族もたちまちバラバラになってしまうことでしょう。

家族みんなが気持ちよく生活するためには、日々の小さな気遣いが大切です。そのことを最もよく表しているのが、生活の中で交わすあいさつです。

「おやすみ」というあいさつには、一日の疲れを休んで癒しましょうという気持ちが込められているように、全てのあいさつは相手へのいたわりや励ましの気持ちを伝えるなどの意味があります。普段よりあいさつの声に元気がなければ、「体調が悪いのかな？」と気付くこともできます。あいさつを交わすことで、家族が自然にお互いを気にかけ、愛情を確かめ合うことができるのです。

- **感謝の気持ちを言葉で伝える**

たとえ家族同士でも、当たり前と考えずに「ありがとう」と感謝の言葉を伝えることが大切です。

- **騒音を立てない**

深夜に掃除機をかける、大音量でテレビを見るなど、大きな音を出すことは避けましょう。

- **お互いのプライバシーを尊重する**

無断で私物を使ったり、家庭内の会話や秘密を他人に話したりしないようにしましょう。

その他にも……

- ドアの開け閉めは静かに行う
- 家事を分担する
- ネットやスマホの利用は家庭のルールに従う

など

Q 友だちとの約束に遅れて行ったら、マナー違反と怒られちゃった……。

A 「親しき仲にも礼儀あり」を忘れずに。

友だちと待ち合わせをしているけれど、このままだと約束の時間に間に合いそうにない……。そんな時に、「気心の知れた相手だし、少しくらい遅れても平気だろう」という考えを持ってはいませんか。

誰でも仲の良い友だちに対しては、どうしても気持ちが緩(ゆる)んで甘えてしまいがちなもの。ですが、マナーは相手を大切に思う気持ちの表れです。つまり、マナーを欠いた行動は相手に「私はあなたのことを大切に思っていない」という誤解を与えてしまうかもしれません。

「親しき仲にも礼儀あり」という言葉がありますが、親しい関係にある友だちだからこそ、相手の寛容さに甘えることなく、適度な距離感を保ちつつ、人付き合いの基本的マナーを守ることが大切なのではないでしょうか。

友だちとの人間関係で気をつけなければならない具体的なマナーは様々ですが、基本的な考えとして、次の三つのことに注意していればまず失敗することはありません。

一つめは、ものごとを常に相手の立場になって考えてみるということです。自分勝手に考えるのではなく、相手がどう感じるかを想像しながら行動すれば、無礼な振る舞いになる心配もないでしょう。相手の意向が定かでない場合は、「あなたはどう思う？」と率直に聞いてみるのが近道です。

二つめは、当たり前のようですが、相手が嫌がることは絶対にしないということ。自分に嫌なことをする相手と仲良く付き合いたいと思う人はいないはずです。たとえはっきりと拒否を伝える意思表示が無かったとしても、相手を傷つける可能性がある行動は避けた方がよいでしょう。

そして三つめは、たとえ相手の考えが自分の考えとは違っていても、相手を尊重して、こちら側の主張を無理強いしないということです。どれほど親しくても、相手が自分とは異なる価値観を持っているという大前提を忘れないようにしましょう。

人付き合いで求められる上記の三つのことをひとことで言い表すなら、「相互理解」ということに尽きるでしょう。仲の良い友だちと良好な関係性を保つためには、お互いが相手の気持ちを理解し、尊重し合う姿勢が欠かせません。それこそが、マナーの本質である思いやりの心なのです。

ポイント

対人関係の大原則！

1. 常に相手の立場になって考える
2. 相手が嫌がることはしない
3. 自分と違う考えを尊重する

友だち付き合いで守るべきマナーって？

友だちとの関係を良好に保つためには、お互いがマナーを正しく守ることが欠かせません。ここでは、人間関係を築くために欠かせない、代表的な6つのマナーをご紹介します。

約束を守る・時間を守る

約束した内容や時間を守ることは人間関係の基本です。約束を破ってばかりいると、相手は「自分のことを大切に思っていない」と考えることでしょう。待ち合わせ時間に遅れる時には、あらかじめそのことを連絡しておくようにしましょう。

プライバシーの侵害はしない

どれほど仲が良い相手でも、お互いのプライバシーはきちんと守らなければなりません。勝手にスマートフォンの中身を見たり、無断で私物を使ったりすることはしてはいけません。場合によっては関係性にひびが入る原因になることも。

悩みごとや相談ごとは真剣に聞く

友だちから悩みごとを打ち明けられたら、真剣に耳を傾けましょう。たとえ、その内容が自分にとってはささいなことでも、相手には重大事であることに変わりありません。決して断りなく他言してはいけません。

間違いに気づいたら、素直に認めて謝る

自分の言動が間違っていたと気付いた時には、言い訳をせず、素直に非を認めて謝ることが大切です。誠実に対応すれば、相手もおおらかに許しやすくなり、信頼関係が増すことにもつながります。

言葉の暴力に気を付ける

たとえ言った側に悪気がなかったとしても、相手が傷ついたり悲しんだりしたなら、それは言葉の暴力にあたります。また、暴力と呼ぶほど重大ではなくても、それによって相手が不愉快に感じるような発言はしてはいけません。

借りた物は必ず返す

友だちに物を借りた場合は、用が済み次第、速やかに相手に返すことが望ましいです。借りた物は、無くしたり汚したりしないように大切に扱いましょう。借りる際に、「いつまでに返す」とあらかじめ返却時期を伝えておくことも大切です。

Q 公園やお店など、公共の場所でのマナーって？

A 必要なマナーは場所や状況で変わります。「なんのための場所か」を考えましょう。

駅や公園などで施設の利用者に向けて「マナーを守りましょう」と呼びかけるポスターを目にしたことがあるはずです。見ず知らずの人たちが大勢集まる公共の場では、特定の相手に対するマナーではなく、その場所を利用する不特定多数に向けたマナーが求められます。一人ひとりがマナーの良い行動をすることで、全ての人が安全に、気持ちよく過ごすことができます。

施設内に限らず、町中の路上でも「傘などを振り回さない」「ごみのポイ捨てをしない」「急に立ち止まらない」といったマナーを大切にする必要があります。

映画館、図書館、病院などでは、各施設で独自のルールを定めている場合があります。当然ですが、「決められたルールさえ守っていれば、他は何をしてもいい」という考えは通りません。求められるマナーは、その場所ごとに様々で、時間や状況によっても違います。

もっとも大切なのは、その場所が「誰のための」「何をするための」場所であるのかを考えて、本来の目的や用途にふさわしくない行動を慎むということです。例えば、静かに本を読む場所である図書館では、走り回る、大声で騒ぐ、耳障り（みみざわ）りな音を立てるなど、他の利用者が読書するのに邪魔になる行動は避けなければなりません。もしも、公共の場所で自分の行動がマナー違反かどうか迷ったら、そこが「誰のための場所か」「何をするための場所か」を考えてみるとよいでしょう。

「誰のための」「なんのための」場所なのかを考えて、ふさわしい行動をとりましょう

たとえば……

公園

小さい子どもや高齢者など、全ての人が遊んだりのんびりと過ごしたりするための場所

▶ 騒音を立てたり、場所をひとり占めしたりしない。ボール遊びなどをする時は周囲に配慮する。

お店・レストラン

お客さんが買い物や食事を楽しむための場所

▶ 騒ぐ、店内を汚す、商品を乱暴に扱うなど、他のお客さんの迷惑になる行動は避ける。

公共の場所で 特に注意が必要なマナー

多くの人が利用する公共空間では、みんなが気持ちよく過ごせるように、以下のようなマナーを心がける必要があります。

空間を占有しない

混雑した飲食店で複数名用のテーブル席をひとり占めして使うのはマナー違反です。他の人が席を必要としている時には、ゆずり合いましょう。

声の大きさに気を付ける

おしゃべりに熱中していると、つい声が大きくなりがちです。駅構内やレストランなどでは、周りの人への気づかいを忘れずに。

飲食は施設ごとのルールに従って

映画館、商業施設、病院などで飲食する場合は、定められたルールに従いましょう。飲食が許可されている場所でも、音やにおいに注意。

スマートフォンの使用は場所を選んで

スマートフォンの使用に関するルールがない場所では、着信音や通話の音量に気をつけましょう。また、歩きながらの画面操作はやめましょう。

みんながマナーを大切にすれば、より良い社会につながる

日本を訪れた外国人観光客は、都市の地面にごみが落ちていない様子に驚くそうです。日本人にとって、「みんなのものである公共空間は、きれいに使わなければならない」という意識が当然のこととして共有されている結果かもしれません。全ての人が自分勝手に行動していては、社会は成り立ちません。誰もが気持ちよく生活するためには、一人ひとりの気配りが何よりも大切です。

Q 電車の中でものを食べるのはマナー違反なの？

A 明確な決まりはありませんが、周囲の迷惑になる行動は避けましょう。

電車に乗るときのマナーいろいろ

電車内で気をつけたいマナーを以下に紹介します。
周りの人に迷惑を掛けていないか常に注意しましょう。

● 飲食は周りの迷惑にならない範囲で

食べかすが落ちたり、音やにおいが出たりするものは避けた方がよいでしょう。

● イヤホンの音漏れに注意

イヤホンやヘッドホンで音楽を聴く時には、音漏れしていないか注意しましょう。

● 混雑時はリュックを前で抱える

特に満員の車内では、リュックを前に持ち替えて、周囲の邪魔にならないようにしましょう。

● 大声での会話や携帯電話の通話は控える

大きな声で喋（しゃべ）ったり、携帯電話で会話したりすると、周りの人が迷惑に感じる場合もあります。

● 通路にしゃがんだり座ったりしない

通行の妨げになるため、車内の床にしゃがんだり、座ったりすることは避けましょう。

実は、電車内での飲食には、はっきりとしたルールはありません。一般的に、新幹線や長距離を走る電車では、弁当などを食べてもよいとされています。一方、在来線では、特に飲食を禁止するルールは設けられていませんが、食べかすが落ちる、においがするなど、周囲に迷惑を掛けるおそれのある飲食はマナー違反だといえます。

電車内で「化粧をする」「携帯電話で通話する」といった行動についても、人によって賛否や考えが分かれます。ルールの有無ではなく、公共空間のマナーの問題として各自が判断することが大切なのではないでしょうか。

このように、電車内はマナーをめぐるトラブルや意見の対立が起こりやすい場所です。ある一定の時間、せまい空間を他の人と共有するために、自分と違う考えを持つ人の行動が気にかかるせいかもしれません。みんなが気持ちよく電車を利用できるように、ゆずり合いと思いやりの気持ちを大切に行動しましょう。

- **荷物を座席に置かない**
  大きな荷物は網棚か足元に置いて、他の乗客が座れるように配慮しましょう。

- **足を組んだり、広げて座ったりしない**
  座席では、足が他の人に当たらないように、ひざを合わせて深く腰掛けます。

電車内でのスマホ通話、あなたはどう考える？

携帯電話が登場した当時は、多くの人が電車内での着信音や通話の声を迷惑だと感じていました。スマートフォンが普及した近年では、人々の感じ方が変化しています。

電車内での迷惑行為ランキング

2000年頃

1. 携帯電話の使用
2. 座席の座り方
3. 荷物の持ち方・置き方
4. たばこについて
5. 環境美化に努めない人が多い
6. 所かまわず電車の床に座る

2023年度

1. 座席の座り方
2. 周囲に配慮せずに咳やくしゃみをする
3. 乗降時のマナー
4. 騒々しい会話・はしゃぎまわり
5. 荷物の持ち方・置き方
6. スマートフォン等の使い方

迷惑と感じる行為は時代ごとに変化しています

出典：「2023年度 駅と電車内の迷惑行為ランキング」（一般社団法人日本民営鉄道協会）調べ

Q 友だちのマナー違反を注意したいけど、どう伝えればいい？

A 相手を責めるのではなく、思いやりを持って指摘してあげましょう。

　もしも、仲の良い友だちがマナーに反する行動をしていた場合、みなさんはそれを本人に面と向かって指摘しますか？　指摘するのなら、どうやって相手に伝えますか？　これはとても難しい問題で、全員が納得できる正解があるわけではありません。

　ただし、本当に相手のことを大切に思っているのであれば、正直に伝えてあげることも時には必要でしょう。その際、相手への伝え方には細心の注意を払わなければなりません。

　頭ごなしに指摘されたのでは、誰でも思わずムッとして反発したくなるものです。あくまでも、「私はあなたのことを大切に考えている」という姿勢を崩さずに、「だからこそ、あなたのために言わせてほしい」と伝えるのが最善でしょう。決して相手を責めたりせずに、思いやりの気持ちを持って伝えれば、きっと相手にもその思いが届くはずです。

　その際、役に立つ会話のテクニックとして「I（アイ）メッセージ」について知っておくとよいでしょう。これは、主に心理学で使われる用語で、「私は、あなたに○○してほしいと思っている」「あなたが○○すると、私は悲しい」というように「私」を主語にしたコミュニケーションのことです。「Iメッセージ」には、「あなた」を主語にした「YOU（ユー）メッセージ」よりも、相手を気遣（づか）う気持ちまで一緒に伝えられるという利点があります。

　伝え方を工夫するだけでも、マナー違反を指摘された相手の感じ方は全く変わってくるので、うまく活用してみましょう。

　マナーは、人と人が気持ち良く付き合っていくための知恵であり、その根本には相手に対する温かい思いやりがあります。正式なマナーについて知識を持っていることは素晴らしいことですが、一方で、それを知らない相手を非難したり、見下したりすることは好ましくありません。他人のマナー違反を見つけて細かく注意することは、かえってマナーに反する行動だといえます。

「I(アイ)メッセージ」を使って、上手に自分の考えを伝える

伝え方次第で相手から反感を持たれてしまうこともあります。相手のことを思いやり上手に伝えることを目指しましょう。

自分の考えを伝える方法には、「私」を主語にしたIメッセージと、「あなた」を主語にしたYOUメッセージの2通りがあります。同じ内容を伝えるのでも、相手が受け取る印象が大きく変化します。自分の考えをやんわりと伝えるには、Iメッセージが便利です。

▶Iメッセージ

「私(I)」を主語にした表現

私は○○○だと思う。
私は○○○してほしい。

- 自分の気持ち・考えを伝える
- 間接的で柔らかい表現になる
- 回りくどい印象を与える場合も

Iメッセージの例

食事中にぺちゃくちゃ喋(しゃべ)ることを不快に思う人もいるから、他の場所では気を付けたほうがいいと(私は)思うよ。

そんな風に見られていたんだ。気を付けなくちゃ……。

▶YOUメッセージ

「あなた(YOU)」を主語にした表現

あなたは○○○だ。
あなたは○○○するべきだ。

- 言いたいことを直接的に伝える
- 指示や依頼をする際に向く
- 非難されたと受け取られる場合も

YOUメッセージの例

不愉快だから、(あなたは)食事中にぺちゃくちゃ喋らないでよ。

えっ?! 指摘はもっともだけど、そんな言い方しなくても……。

マナー違反を注意する際の注意点

一緒にいる人のマナー違反を見かけたら、どう伝えれば相手を傷つけずに行動を改めてもらえるのでしょうか。

大勢と食事をしている最中に友だちのマナー違反に気づいた場合、その場でそれを指摘して相手に恥をかかせることは、かえってマナーに反しています。マナーは相手を思いやる気持ちの表れであることを思い出し、誰にも迷惑が掛かっていないなら、見て見ぬふりをする態度も時には必要です。

1. 大勢の人がいる場所で指摘しない
2. 後で個別にこっそり伝える
3. 場合によっては柔軟に対応する

マナー違反をいちいち注意するのは、絶対にダメ！

Q 友だちからの誘いを感じよく断るには、どうすればいいの？

A 「クッション言葉」を使って、相手に悪い印象を与えないように工夫しましょう。

友だちから誘いを受けたものの、都合が悪かったり、本心ではあまり気が進まなかったりという理由から、どうにかして断りたい。でも、断ることで相手から悪く思われないか心配……。誰でも、一度はそんな経験をしたことがあるはずです。

断り方によっては、相手をがっかりさせたり、ネガティブな感情を持たれたりする場合もあります。そこで、相手に嫌な印象を与えずに誘いを断るためのテクニックを覚えておくとよいでしょう。

一つの有効な方法は、「クッション言葉」を使うことです。クッション言葉とは、そのまま本題を伝えると相手にきつい印象を与えてしまうような時に、前置きとして添える言葉のことです。相手を気づかう内容のクッション言葉には、言いにくいことを伝える、相手からの誘いを断るといった場合でも、相手が受け取る印象をやわらげて、スムーズにコミュニケーションを図る効果があります。

例えば、何かを頼む時に、「忙しいところ悪いんだけど……」「もし、頼めるのなら……」というクッション言葉をはさむことで、用件だけを伝える場合と比べて、相手への思いやりを込めて伝えることができます。

友だちの誘いを断る時には、「誘ってくれてありがとう」と相手の好意への感謝や、「すごく残念だけど……」と期待に添えないことへの落胆を表すクッション言葉を使うことで、相手の心象を悪くせずに済みます。

クッション言葉について

要点の前にはさむことで、相手に与える印象をやわらげる効果を持つフレーズが「クッション言葉」です。

クッション言葉

うれしいんだけど、
実は日曜日には別の予定が入っていて、
行けないんだ。ごめんね！

クッション言葉の効果

- ネガティブな印象をやわらげる
- 相手への敬意や好意を抱いていることを表す

誘いを断る際の4つのポイント

1 「感謝」と「残念な気持ち」を一緒に伝える

嫌な印象を与えずに誘いを断るには、誘ってくれたことへの感謝の言葉を述べ、その次に意に添えないことを残念に思う気持ちを伝えましょう。相手は、別の機会に改めて誘おうと考えるはずです。

誘ってくれてありがとう！ ▶感謝

＋

私も行きたかったけれど…… ▶残念な気持ち

2 あいまいな返事はしない

あいまいな返事は、こちらの意思が伝わらない上、相手によい印象を与えません。気乗りしないのなら、「今回は遠慮するよ」とはっきり伝えた方が相手も助かります。

当日にならないと分からないから、行けたらいくよ

▶あいまいな表現で自分の気持ちが相手に伝わらない

3 代わりの案を提示する

誘いを断る際に、こちらから別の案を示すことで、相手に与える拒絶感をやわらげることができます。相手は「誘われることが嫌なわけではない」と考えるでしょう。

今週末は無理だけれど、来月の上旬なら一緒に行きたいな

▶代案の提示

4 一旦保留して、時間をあけてから断る

あえてその場で即答することをせず、ひと呼吸置いてから翌日などにメールや電話で断るという方法も。対面していない分、断りやすいという効果があります。

予定を確認してから返事するね ▶保留

→

やっぱりその日は都合が悪いから、遠慮するね ▶後日

場合によっては、「家族」や「体調」を理由にして断っても……。

いろんな国や地域に、「誰も傷つけないウソなら許される」という意味のことわざが残っているように、「家族と出かける」「体調がすぐれない」など、当たり障りがなくて、相手を傷つけない理由を持ち出して断るのも一つの手です。

仏さまも、「ウソも方便」とおっしゃっています

当たり障りない理由の一例

- 「その日は、家族と約束があって……」
- 「最近、あまり体調がすぐれなくて……」
- 「休みの予定がはっきりしなくて……」

Q 贈り物の渡し方、もらい方にもマナーがあるの?

A お互いに相手の気持ちを考えながら、受け渡すようにしましょう。

贈り物を渡す際・受け取る際のマナー

プレゼントやお土産の品を渡したり、受け取ったりする際に、ちょっとした所作や言葉を通じて、相手への敬意や感謝の気持ちを表すことができます。

贈る側のマナー

● 両手で差し出す

片手で渡すと、横柄(おうへい)な印象を与えます。両手で渡せないほど小さな品物は、片手を添えるようにしましょう。

● 「ほんの気持ちです」などのひと言を添える

「気に入ってもらえるといいのですが」「○○のお土産です」など、笑顔でひと言添えて渡しましょう。

● 相手に正面を向けて渡す

品物の正面が相手に向くように差し出します。手提げ袋に入れている場合は、あらかじめ袋から出します。

贈り物を選ぶ時は相手のことを第一に考える

贈り物は、自分がほしい物ではなく、相手が喜ぶ物を選びましょう。食べ物を選ぶ時は、相手の家族構成やアレルギーの有無などにも注意を。

食べ物を贈る際の注意点

- 常温保存できて消費期限が長いものを選ぶ
- 調理や切り分けなどの手間が掛かるものは避ける
- 食物アレルギーの原因でないものを選ぶ

お祝いや感謝の気持ちを贈り物に託して相手へ渡すプレゼントやお土産にもマナーがあります。送る側と受け取る側の双方が、ほんの少しの気遣いをすることで、よりスマートに贈り物の受け渡しができるようになります。

ドラマの登場人物が知り合いの家を訪問して、手土産を渡すひとコマをご紹介します。

「甘いものがお好きだとうかがいました。ここへ来る途中でおいしそうなにおいがしていたもので……。お口に合うとよいのですが」

「ごていねいに恐れ入ります。実は、このお店のお菓子、以前から気になっていたんです。本当にうれしいです。ありがとう」

どう感じますか？　贈り物を渡す側と受け取る側が、思いやりの気持ちを表し合うことで、素敵な人間関係を築くことができるのです。

贈り物を選ぶ際にも気配りを忘れずに。好みが分かれる物や、相手に手間を掛けさせる物は避けましょう。あまりに高価な物も相手が恐縮してしまうので注意が必要です。

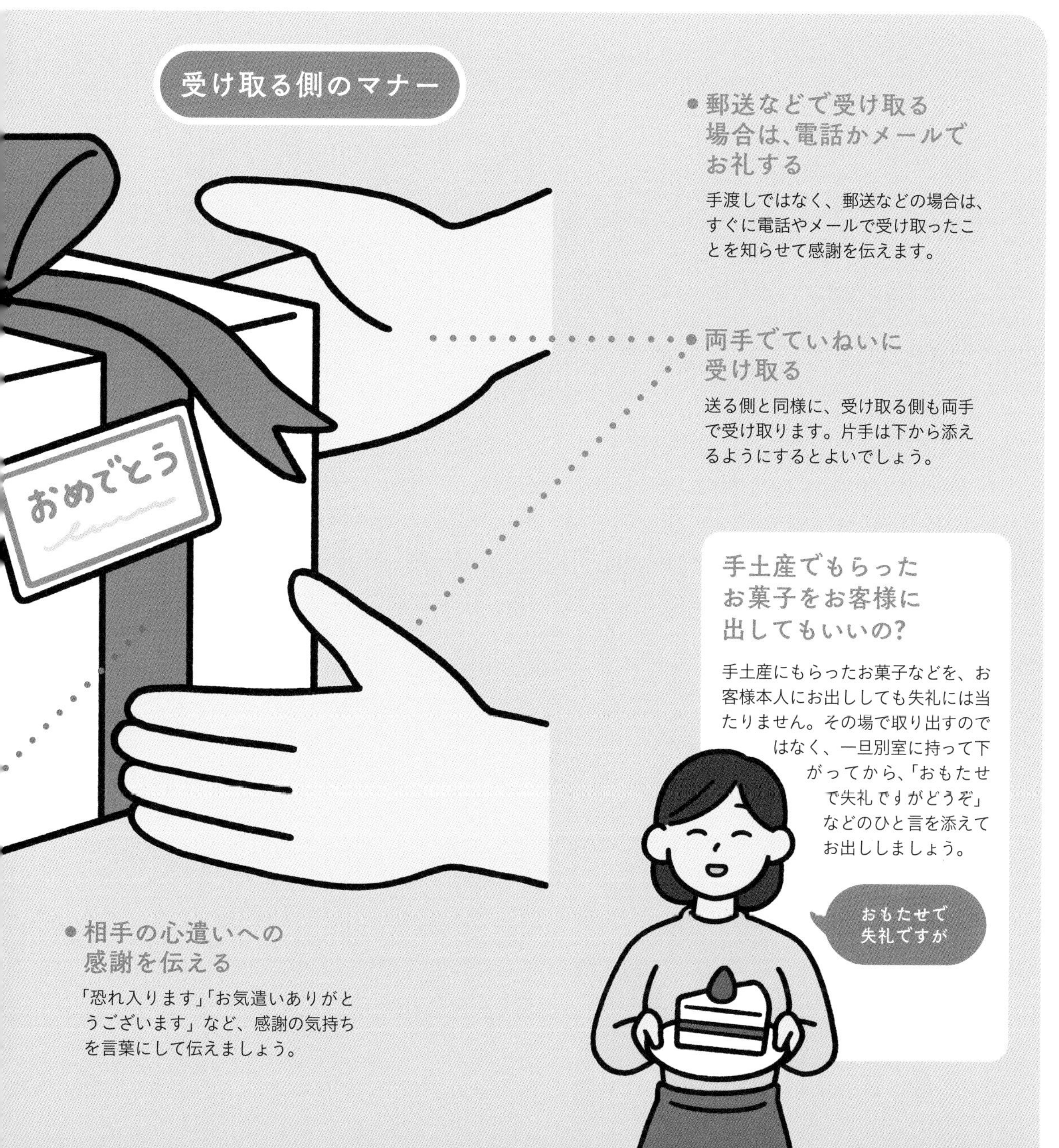

受け取る側のマナー

● 郵送などで受け取る場合は、電話かメールでお礼する

手渡しではなく、郵送などの場合は、すぐに電話やメールで受け取ったことを知らせて感謝を伝えます。

● 両手でていねいに受け取る

送る側と同様に、受け取る側も両手で受け取ります。片手は下から添えるようにするとよいでしょう。

● 相手の心遣いへの感謝を伝える

「恐れ入ります」「お気遣いありがとうございます」など、感謝の気持ちを言葉にして伝えましょう。

手土産でもらったお菓子をお客様に出してもいいの？

手土産にもらったお菓子などを、お客様本人にお出ししても失礼には当たりません。その場で取り出すのではなく、一旦別室に持って下がってから、「おもたせで失礼ですがどうぞ」などのひと言を添えてお出ししましょう。

Q お金を払ったり渡したりする時、どんなことに気をつければいい？

A お金の扱いはていねいに。相手に気持ちを伝えるために、お金のマナーを学びましょう。

買い物で代金を支払ったり、習いごとの月謝などを手渡したり、友だちに立て替えてもらっていたお金を返したり……。日常生活の中でお金をやり取りする場面は少なくありません。その際に、気を付けたいいくつかのマナーがあります。

まず、現金をやり取りする際は、お金を大切な物として、ていねいに扱うようにしましょう。例えば、店のレジで会計する際に、支払いトレーに代金を投げるように置くなど、お金をぞんざいに扱う態度は、受け取る相手への敬意に欠けるだけでなく、自身の品位を傷つけることにもなります。くれぐれも現金の扱いは慎重に行いましょう。

店での支払い以外でお金を渡す必要がある場合は、現金をむき出しでやり取りするのではなく、封筒に入れるか、懐紙(かいし)に包むなどして渡すのが一般的です。さらに、お札の表裏を揃える、ご祝儀には新札を用意するといった気遣(づか)いがあると、受け取る相手もうれしいでしょう。こうしたマナーは、相手を敬う気持ちの表れでもあります。

また、友だち同士で食事をおごり合ったり、お金の貸し借りをしたりすることは、できれば避けた方がよいでしょう。予期しないトラブルに発展し、友情を損なうおそれもあります。

店などで支払いをする際は、感謝の気持ちを大切に

客として店に支払うお金は、受けたサービスや品物へのお礼という意味合いもあります。支払いの際には、相手に感謝の気持ちを表すために、以下のマナーを心がけましょう。

お金を支払う際のマナー

- お金やカードをていねいに扱う
- お札の向きを揃える
- 複数人で割り勘する場合は、事前にテーブルで集金しておく

お金を渡す際には「新札を封筒に」が基本

月謝や会費の支払いや、立て替えてもらったお金を返す場合には、お札をむき出しにせず、封筒に入れて渡すのが一般的です。また、ご祝儀には、折り目のない新札を用意しましょう。

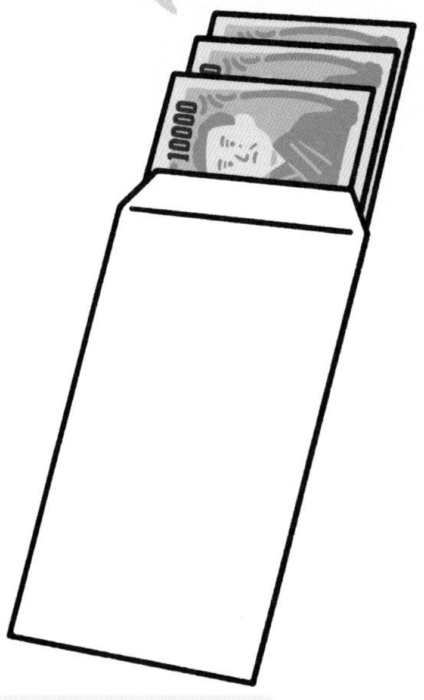

お金を裸のまま渡さない

財布から取り出したお金をそのまま渡すのはマナー違反。あらかじめ封筒に入れたものを用意しましょう。

ご祝儀では新札を折らずに渡す

ご祝儀には、真新しい新札を使います。逆に、お葬式で渡す香典は、清潔できれいな旧札を使います。

お札は表にして揃える

紙幣は表側（肖像画が描かれている方）を上にして揃えてから封筒に入れましょう。

お釣りが出ないようにする

受け取る側に、お釣りを用意する手間を掛けないように、ぴったりの金額を渡しましょう。

ひと言添えて渡す

「今月分の月謝です」「先日立て替えてもらったお金です」など、必ずひと言添えて手渡しましょう。

現金を郵送する場合は「現金書留」で

離れた場所にいる相手にお金を送る際は、郵便局から現金書留で送るのが一般的です。

ポチ袋に入れる場合は三つ折りに

or

香典も新札を表向きに入れてOK

お年玉や香典のマナー

お年玉やお葬式の香典には、独自の決まりがあります。香典は、「旧札を裏向きに」という説もありますが、新札を一度折って表向きに入れても構いません。

友だち同士でのお金のやり取りについて

お金のやり取りは、思わぬトラブルを引き起こす場合もあります。親しい友だちが相手でもお金の貸し借りはしない方がよいでしょう。チケット代金を立て替えてもらうなどした場合は、できるだけ早く代金を渡すように心がけましょう。また、飲食店の支払いなどでは、一方が不公平だと感じないような気遣いが必要です。

お金の貸し借りはトラブルの原因になることもあるので要注意です。

Q メールやメッセンジャーでやり取りする時のマナーって？

A 用件だけを伝えるのではなく、相手を思いやる言葉で「温度のある文章に」

現代では私たちの日常生活の中に、メール、メッセンジャー、SNSをはじめとする情報交換ツールが深く浸透しています。かつては手紙や電話で行っていた友人や知人とのやり取りをこうしたITツールで行う機会が急速に増えつつあります。

やり取りに使用する媒体(ばいたい)が移り変わっても、コミュニケーションの場面で、相手を思いやる気持ちがとても大切であることは変わりません。メールなどの文字による情報伝達では、用件が優先されるあまり、不必要な情報を省く傾向が見られます。その上、表情や声色が伝わらないために、相手に素っ気なく冷淡な印象を与えてしまう場合もあるようです。

ITツールでやり取りを行う時には、対面の場合と同じように、相手のことを思いやる言葉を用いることで、気持ちまで伝えられます。例えば、同じ用件のメールでも、最初に季節に触れるあいさつをしたり、最後に相手を労(いたわ)るひと言を添えたりするだけでも、送り手の優しさと体温を伝えることができます。

相手の姿が見えないからこそ、想像力を働かせ、相手の気持ちを思いやって寄り添う姿勢が一層大切になるでしょう。

メール文面の一例

同じ内容のメールでも、用件のほかに、相手を思いやる言葉があるかどうかで、受け取る側の印象は大きく変わります。

BEFORE

○○さんへ

こんにちは。

来月あたりに一緒に食事に行きませんか。
家族の近況など、お話ししたいことがたくさんあります。お返事待っています。

○○より

AFTER

○○さんへ

こんにちは。
前回お会いしてからご無沙汰していますが、お変わりありませんか？

よければ、来月あたりに一緒に食事に行きませんか。
家族の近況など、お話ししたいことがたくさんあります。○○さんのご都合を教えてください。
お返事待っています。

季節の変わり目なので、体調を崩さないようお気をつけください。
また会えるのを楽しみにしています！

○○より

はじめと終わりに相手を思いやるあいさつ文を書くことで、相手へ与える印象がやわらぐ

メールで使える
思いやりの言葉いろいろ

素っ気なくなりがちなメールの文章に温かみを加えるために、次のようなフレーズが役に立ちます。

「お陰様で」

「いつも困った時に助けてくれてありがとう。お陰様で……」というように、日頃のサポートなどについて感謝する場合に使います。相手に対する書き手の敬意を伝えることができます。

「会えるのを楽しみに」

「久しぶりに会えるのを楽しみにしています」「待ち遠しいです」など、メールの文章の最後に期待感が伝わる文章を付け加えることで、相手への親愛の思いを伝えられます。

「お身体を大切に」など

メールの最後に、「寒い日が続きます。くれぐれもご自愛ください」などと、相手のことを思いやる言葉を添えることで、より気持ちが伝わる文面になります。

その他にも

「お忙しいところ恐れ入りますが」などと、相手を思いやるクッション言葉を用いたり、文末に「今日も良い1日を」と付け加えたりすることでも、メールの文章に温かみが加わります。

話し言葉と比べて、メールでは話し手が意図する細かいニュアンスが伝わりづらいです

グループでのやり取りでも
思いやりを大切に

SNSのグループチャット機能を利用する際のマナーをご紹介します。

グループ内のやり取りを全て読んでからメッセージを送る

他のメンバーの投稿を読まないまま書き込むと、コミュニケーションの流れを途切れさせたり、既に以前触れられた話題を繰り返したりすることにつながります。

自分への質問には早めに返信する

メンバーから自分への質問があった場合は、できるだけ早く返信します。また、質問以外の投稿でも、「内容を確認しました」という意味合いを込めて、まめに返信しましょう。

長文すぎる投稿や、過度な連投は避ける

極端に長大な文章や、短い文章を連続で投稿してチャット画面を占領したり、いつも絵文字やスタンプだけしか投稿しなかったりといった行為は避けましょう。

個人間のやり取りはしない

メンバー全員とコミュニケーションを行うグループチャットでは、数人の間だけのやり取りを行うのはマナー違反です。別のグループなどを作り個別にメッセージを送りましょう。

Q SNSでの情報発信にも、マナーが必要だよね?

A 実生活と同じように、インターネットにもルールとマナーがあります。

SNS利用時のルールとマナー6か条

気持ちよく安全にSNSを利用するための、最低限のルールとマナーとして、次の項目を心がけましょう。

1 誰かを傷つけるような内容を書かない

SNSへ投稿した内容は不特定多数の人々の目に触れます。時には、何気ないひと言が誰かを傷つける場合もあります。著しく社会性を欠いた内容や、特定の個人や人々を中傷するような投稿は避けましょう。

2 ネット上の情報が正しいか確かめる

インターネット上にある全ての情報が正しいという保証はありません。誤った情報がSNSで広く拡散されたことで、正しい情報が埋もれてしまい、社会の混乱を招いた事例も少なくありません。必ず自身で調べて判断を。

3 自分や他人の個人情報の扱いは慎重に

名前、住所、電話番号、学校名などの個人情報をSNSに書き込むことで、思わぬトラブルに巻き込まれる場合があります。また、投稿した写真から住所や氏名が特定されるケースもあるので、くれぐれもご注意を。

4 著作権や肖像権を侵害しない

他人が制作した画像、動画、音楽などをネット上に公開することは著作権の侵害に当たる可能性があります。また、他人の姿を撮影した写真を本人の承諾なく公開・利用することは肖像権の侵害になる場合があります。

ブログのように特定の相手を持たない、不特定多数に向けたSNS上での情報発信においても、守らなければいけないマナーが存在しています。その点では、実体を持たないネット空間と実生活との間に大きな違いはありません。

一般的に、相手の姿が見えないインターネットの世界では、つい相手への思いやりに欠ける行為や発言をしてしまうケースが後を絶ちません。しかも、SNSにおけるマナー違反は、知らない誰かにとって不愉快であるだけでなく、時には他の人の権利を侵害しているとして法律で罰せられる場合もあります。

これはSNSに限ったことではありません。ゲームのオンライン対戦や動画サイトへの投稿などでも、マナーやルールを無視したことが原因で、大きなトラブルに発展してしまうかもしれません。

どんな時も、他の利用者への思いやりの気持ちを大切に、快適で安全なネット利用を楽しみましょう。

SNSをめぐるこんなトラブルも

好ましく思っていない芸能人に対する根拠の無い悪評をSNSに投稿したところ、予想以上に情報が拡散されてしまい、ついに、名誉毀損などの権利侵害行為であるとして、芸能事務所から損害賠償を求められた……。これは、過去に本当にあった事例です。SNSは楽しくて便利な反面、取り返しのつかない深刻な事態を招くリスクもあることをお忘れなく。

その他にも……

- 不用意な投稿が嫌がらせや脅迫行為に発展する
- SNSからの誘導による詐欺被害を受ける
- SNSに没頭するあまり、ネット依存におちいる

5 自分の発言に責任を持つ

SNSは誰もが自分の考えを自由に投稿できますが、無責任な投稿が許されるわけではありません。投稿内容が元で、社会的信用を失うおそれもあるので、常に、自身の発言には責任が伴うことを忘れないようにしましょう。

6 ネットで友だちができても、一人で会わない

ごく一部の利用者が、自身の素性を隠しつつ、SNSを悪用するケースも散見されます。インターネットで知り合った相手とどれほど親しくなっても、相手の素性が確かでなければ、直接会いに行くことはやめましょう。

PART 2 参考文献・資料

【書籍・論文・報告書】

- 『12歳までに身につけたいネット・スマホルールの超きほん』遠藤美季 監修　朝日新聞出版
- 『12歳までに身につけたいお金の超きほん』泉美智子 監修　朝日新聞出版
- 『12歳からのマナー集:インターネット、ケータイから、電車内マナーまで』多湖輝 著　PHP研究所
- 『[最新版]「さすが!」といわせる大人のマナー講座　文部科学省後援「マナー・プロトコール検定」標準テキスト』日本マナー・プロトコール協会 著　PHP研究所
- 『図解 社会人の基本 マナー大全』岩下宣子 著　講談社
- 『図解 社会人の基本 敬語・話し方大全』岩下宣子 著　講談社
- 『みんなで考える小学生のマナー 社会のルールがわかる本』ジュニアマナーズ協会 著　田中ゆり子 監修
- 『図解 日本人なら知っておきたいしきたり大全』岩下宣子 著　講談社
- 『マナーのすべてがわかる便利手帳』岩下宣子 監修　ナツメ社
- 『一生使える!大人のマナー大全』岩下宣子 監修　PHP研究所
- 『冠婚葬祭マナーの新常識―withコロナ時代に対応!』岩下宣子 監修　主婦の友社
- 『大人の冠婚葬祭マナー新事典』岩下宣子 監修　朝日新聞出版
- 『本当の幸せを手に入れるたったひとつのヒント』岩下宣子 著　主婦の友社

【Webサイト・記事】

- **「駅と電車内の迷惑行為ランキング　」一般社団法人日本民営鉄道協会**
  https://www.mintetsu.or.jp/
- **「駅や車内でのマナー啓発」 JR西日本**
  https://www.westjr.co.jp/company/action/service/manner/
- **「JR東日本なるほどQ&A Guide」 JR東日本**
  https://www.jreast.co.jp/saferelief/operationguide/
- **「上手にネットと付き合おう！安心・安全なインターネット利用ガイド」総務省**
  https://www.soumu.go.jp/use_the_internet_wisely/
- **保護者向け普及啓発リーフレット「ネット・スマホ活用世代の保護者が知っておきたいポイント」こども家庭庁**
  https://www.cfa.go.jp/policies/youth-kankyou/leaflet/gazo/
- **「インターネットトラブル事例集2024年版」総務省**
  https://www.soumu.go.jp/use_the_internet_wisely/trouble/
- **「インターネット上の人権侵害をなくしましょう」法務省**
  https://www.moj.go.jp/JINKEN/jinken88.html
- **キャンペーン特設サイト「No heart No SNS」一般社団法人ソーシャルメディア利用環境整備機構**
  https://no-heart-no-sns.smaj.or.jp/
- **啓発冊子「あなたは、大丈夫？考えよう！インターネットと人権」公益財団法人人権教育啓発推進センター**
  https://www.moj.go.jp/content/001394213.pdf
- **動画集「敬語おもしろ相談室」(文化庁)**
  https://www.bunka.go.jp/seisaku/kokugo_nihongo/kokugo_shisaku/keigo/index.html
- **啓発動画「『誰か』のことじゃない。(インターネット編)」法務省YouTubeチャンネル**
  https://www.youtube.com/watch?v=WaBG41gvev4
- **啓発動画「インターネットと人権」法務省YouTubeチャンネル**
  https://www.youtube.com/watch?v=m9zULamcbL8
- **『私たちの道徳　中学校』 文部科学省**
  https://www.mext.go.jp/component/a_menu/education/detail/__icsFiles/afieldfile/2014/12/01/1344901_4.pdf

礼の用は
和を貴しと為す

人と人の調和をたいせつにすることが、礼儀の基本である

明治期に日本で出版された
『新刻改正 論語』
（新潟県立歴史博物館所蔵）

写真提供：新潟県立歴史博物館

儒教の祖・孔子が教える マナーの大切さ

『論語』孔子

『論語』は、古代中国の思想家である孔子の教えを伝えた書物です。ただし、孔子自身が文章を書き著したわけではなく、死後に弟子たちが孔子（またはその高弟）の言葉や行動を記録しまとめたものです。

例えば、「故きを温めて新しきを知る」「義を見てなさざるは、勇無きなり」「過ぎたるはなほおよばざるがごとし」といったフレーズは、どれも『論語』に書かれた内容を元にしています。

孔子が興したといわれる儒教は、仏教と並んで東洋文化の基盤とされている思想体系です。5世紀ごろに日本に伝播され、その後、江戸時代に武家を中心に広まりました。礼節、親孝行、忠義、仲間への思いやりといった道徳観と社会規範を説く孔子の思想は、現代のマナーの考え方にも深くつながっています。

『論語』に書かれている、「礼の用は、和を貴しと為す」という言葉は、「礼儀正しいということは、秩序を守ることに加えて、人との調和を大切にすることが肝心である」という意味です。マナーとは、堅苦しい決まりごとではなく、相手を思いやる気持ちの表れであり、和やかな人間関係を生むための知恵だという考え方にどこか通じているのではないでしょうか。

『論語』
齋藤孝 訳
筑摩書房 刊

孔子の思想を平易な言葉で訳した一冊。現代語訳に加えて、原典の漢文と書き下し文を掲載。

信実と誠実となくしては、礼儀は茶番であり芝居である

新渡戸稲造

優しさ、礼儀、美しさや愛や尊敬を日本が失わずにいることを世界中が切望しています

グレース・ケリー

PART 3

日本の礼法を学ぼう

この章では、日本の伝統的な礼儀や作法について学びます。情報技術の発達にともない国際化、多文化交流が急速に進む中、これからますます大事になるのは、自分の生まれ育った国や地域の文化や作法の基本を知り、その意味を語れるようにしておくことです。日本の礼儀作法や茶道をはじめとする「○○道」と呼ばれるものには世界の多くの人があこがれを抱く「美しいかたち」があります。そのかたちには必ず相手を思うからこその理由があります。お箸の使い方などの身近な生活の中の意味を知ることで、毎日がもっと楽しくなるでしょう。

章もくじ

- 和食が流行ってるって本当？
  和食のマナーを知っておきたい。
- パーティーに呼ばれたんだけど
  好きな服で行ってもいいかな？
- お葬式のマナーがわからないから知りたい。
- 訪問先で和室に通されました。洋室と和室って
  マナーは違う？
- 話し方にもマナーってあるよね？
- おばあちゃんがお土産を「つまらないもの」と
  言って渡したんだけど、変じゃない？
- 入学祝の“ラッピング”。これが日本のマナー？
- 神社で外国人にお参りのしかたを
  聞かれたけど、正しいやり方って？

Q 和食が流行ってるって本当? 和食のマナーを知っておきたい。

A 和食は世界的に注目されています。まずは箸と器を正しく使えるようになりましょう。

和食は2013年にユネスコの無形文化遺産に登録され、世界的に注目されています。ユネスコ無形文化遺産の目的は、その文化を守っていくことです。和食の文化も、日本人全員で守り、継承していくことが求められています。

そのために知っておきたいことのひとつが和食のマナーです。和食のマナーの基本は、箸と器を正しく使って食事をいただくことです。

箸は食事中に使わないときは箸置きに置きます。箸置きがなければ、箸袋を千代結びにして代用します。器は手に持ってよいものと、持たないものがあります。この2点は普段の食事のときから気をつけて身につけておきましょう。

和食はほかにも、焼き魚の食べ方やお造りを食べる順番など、こまごまとした決まりごとがあります。堅苦しいと思うかもしれませんが、食事をともに楽しみ、人と人とのつながりを深めるために昔から育まれてきたものですので、お皿がきれいになることを意識して食べてみましょう。

ユネスコに登録された和食の4つの特徴

「自然を尊ぶ」という日本人の気質に基づいた食文化が和食です。

1 多様で新鮮な食材とその持ち味の尊重

日本は南北に長く、海、山、里と自然が広がっているため、各地で地域に根差した多様な食材が用いられています。

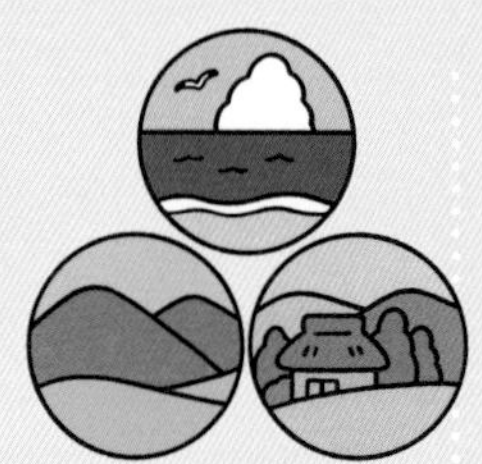

2 健康的な食生活を支える栄養バランス

和食の一汁三菜は理想的な栄養バランス。「うま味」を活かすことでヘルシーな食事となり長寿や肥満防止に役立っています。

3 自然の美しさや季節の移ろいの表現

自然美や四季の移ろいを表現することも特徴。季節の花や葉などで料理を飾りつけたり、器で季節感を楽しんだりします。

4 正月などの年中行事との密接な関わり

日本の食文化は年中行事と密接に関わってきました。「食」を分け合い、時間を共にし、家族や地域の絆(きずな)を深めてきました。

出典　農林水産省のHPより

和食のマナーの基本。箸と器の使い方

箸と器の使い方によっては相手に不快感を与えてしまうことも。気持ちよく食事をするためにも正しい使い方を覚えましょう。

和食の文化を守っていくためにもマナーは身につけておきたいですね

箸の使い方

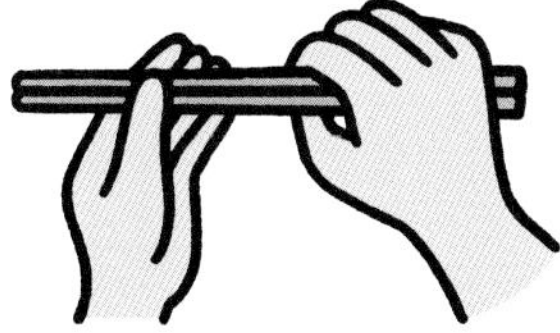

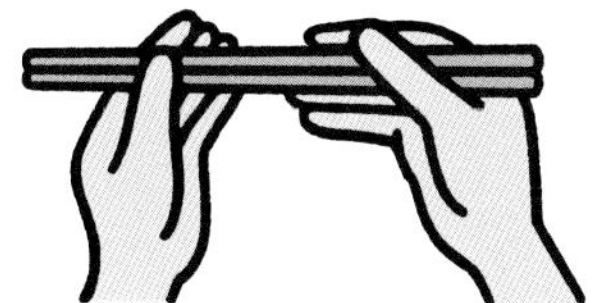

1. 箸の中央を右手で上から持ち、左手を箸の下に添えて支え、右手は右にすべらせる。
2. 右手を返して箸の下側に回り込ませる。
3. 左手を離し、右手の中指を箸の間に添わせる。箸を置くときは逆の手順で。

覚えておきたい箸のNG

● 寄せ箸

箸をかけて器を引き寄せると、器をひっくり返してしまうことがあるのでNG。

● さぐり箸

箸先は1.5～3cmしか汚さないもの。箸で器の中をさぐるとそれ以上汚れてしまいます。

● 渡し箸

器の上に箸を渡して置くと、箸が転がってしまいます。箸は箸置きに置きましょう。

● 返し箸（逆さ箸）

手が触れていた部分で料理を取り分けるのは衛生的ではありません。取り分け用の箸で。

器の使い方

● 持って良い器

ご飯やお吸い物の器は必ず持ちましょう。つけ汁の皿やしょうゆ皿、小鉢などの小ぶりな器も基本的に持ってもOKです。

● 持ってはいけない器

刺身、焼き魚、揚げ物など大きめの器に盛られたものや、盛り合わせの大きな鉢は粗相（そそう）の元になるので持ちません。

Q パーティーに呼ばれたんだけど好きな服で行ってもいいかな?

A 場所や集まりの目的に合わせて「ドレスコード」を意識しましょう。

ドレスコードは全部で7種類

ドレスコードは大きく「フォーマル」と「カジュアル」の2つに分類することができ、さらにフォーマルは3種類、カジュアルは4種類に分けられます。

ドレスコード		どんなとき?	どんな服?
フォーマル	❶フォーマル(正礼装)	●結婚式の新郎新婦や親、媒酌人。パーティー、式典の主催者が着る格式の高いドレスコード。	男性…モーニング(昼)、燕尾服(夜)、紋付き羽織袴など。 女性…アフタヌーンドレス(昼)、イブニングドレス(夜)、白無垢など。
フォーマル	❷セミフォーマル(準礼装)	●結婚式や祝賀会、式典などに出席する場合。ゲストとしてもっともかしこまったスタイル。	男性…ディレクターズスーツ(昼)、ファンシータキシードなど(夜)。 女性…セミアフタヌーンドレス(昼)、セミイブニングドレス(夜)。
フォーマル	❸インフォーマル(略礼装)	●結婚式やパーティー、結婚式の二次会、同窓会に出席する場合。	男性…ブラックスーツ、ダークスーツ。 女性…ドレッシーなワンピースやスーツ。
カジュアル	❹スマートエレガンス	●パーティーや食事会でドレスアップをするとき。結婚式の二次会など。	男性…ダークスーツ。 女性…ドレッシーで華やかなワンピース、上品なスーツなど。
カジュアル	❺カジュアルエレガンス	●食事会や比較的カジュアルなパーティー。スマートエレガンスより少し砕けた着こなし。	男性…ダークスーツ。 女性…華やかなワンピース、上品なブラウスなどのトップスとスカートの組み合わせ。
カジュアル	❻ビジネスアタイア	●企業主催のパーティーやレセプションなど仕事色の強いパーティー。	男性…上下揃いのスーツ。 女性…ドレッシーな雰囲気のスーツ。
カジュアル	❼スマートカジュアル	●ホテルやレストランなどでの食事。	男性…ジャケット+パンツ。 女性…ワンピース、トップス+スカート。

カジュアルは、デニムやTシャツのことではありません

パーティーや行事に招待されたり、高級レストランで食事したりする際には、普段着や自分の好きな服を着るのではなく、「ドレスコード」を意識してみましょう。

「ドレスコード」とは、場所や時間、シーンに応じた服装の基準・ルールのことで、日本語だと「服装規定」という訳になります。

なぜドレスコードがあるのでしょうか。例えば雰囲気のいい高級レストランにダメージジーンズにTシャツのお客さんがいたら、その場から浮いてしまうと思いませんか？　高級レストランやパーティーなどでは、非日常の雰囲気の中で食事や会話を楽しみたいと感じている人もいます。そこにいるすべての人が快適なひと時を過ごせるようにドレスコードがあるのです。

ドレスコードは全部で7種類あります。パーティーや行事に呼ばれたとき、ドレスコードの指定があればそれに従います。特に指定がない場合でも、集まりの趣旨や会場にふさわしい服装で出かけましょう。

「平服で」といわれたら？

招待された際に「平服で」といわれた場合、それは「正装でなくていい」という意味で、インフォーマルに該当します。平服＝普段着ている服ではありませんので注意しましょう。

Q お葬式のマナーがわからないから知りたい。

A 大切なのは故人をしのぶ気持ち。服装、お悔やみの言葉などのマナーも覚えておきましょう。

「冠婚葬祭」という言葉を、一度は聞いたことがあるのではないでしょうか。冠婚葬祭とは、日本に古くから伝わる、人の一生にまつわる重要な行事のことです。結婚式や葬式、成人式、年中行事にもそれぞれのマナーがあります。例えば葬式のマナーのひとつに、全身黒い服（喪服）を着るというものがあります。なぜこのようなマナーがあるのでしょうか？

マナーの本質は、「あなたを大切に思っています」という思いやりの心です。葬式で黒い服を着るのは、葬式に行く前に「何を着ようか」と迷う時間がなくなるから。故人や遺族に寄り添う時間を増やすことができるようにブラックフォーマルが決められているのです。

冠婚葬祭は人生の節目でもあります。そうしたときに、周りの人への思いやり（マナー）を大切にすることは、自分や周りの人の人生がより豊かになることにもつながります。

冠婚葬祭って何のこと？

日本に古くから伝わる、人の一生にまつわる重要な行事のことです。

冠
昔の「元服」のこと。今の成人式に近いものです。「元服」は、奈良時代以降の日本で成人を示すものとして行われた儀式。元服を迎える年齢は数え年で12〜16歳でした。

婚
婚礼にかかわる行事のこと。結婚式だけでなく、縁談、お見合い、婚約、結納、披露宴、婚姻届の提出などの行事も含（ふく）まれます。結婚式は、冠婚葬祭の中で最も慶祝されるべき行事です。

葬
葬儀のこと。「葬儀式」、その後に行われる「告別式」があります。現代ではお通夜を行わない一日葬などもありますが、どのような葬儀でも故人を弔う行事であることに変わりはありません。

祭
本来は豊作を願い、長寿や健康を祈る宗教的儀式でした。現代では「お正月」「節分」「雛祭（ひなまつ）り」「端午の節句」などの「年中行事」のほか、法事や法要などの仏事も含まれます。

今から覚えておきたいお葬式のマナー

葬儀は冠婚葬祭の中でも突然くるものであり、私たちの年代で出席する機会もあります。そのときになってあわてないように最低限のマナーを知っておきましょう。

服装

葬儀、告別式は略礼装のブラックフォーマルが基本です。男性はブラックスーツ、ネクタイ、靴下も黒色に。女性は黒のツーピース、ワンピース、アンサンブルなど。ストッキングは黒の無地に。アクセサリーはパールの一連ネックレスと結婚指輪のみで、腕時計も外します。靴は男女ともに光沢のない黒いものにします。

宗教や宗派によって違いはあるけれど、故人をしのぶ「心」や「気持ち」は共通だよね。

※制服は略礼服として認められているので、制服があればそれが喪服になります。

お悔やみの言葉

よく聞く「ご冥福をお祈りいたします」は、故人が冥土に行って生まれ変わるというニュアンスがあり、宗派によっては不適切な場合もあります。各宗派にはそれぞれの思想や死生観があります。お悔やみの言葉は、先方の宗教・宗派にあわせて選ぶ必要があります。

▶仏教

- 「お悔やみを申し上げます」
- 「謹しんで哀悼の意を表します」

▶キリスト教

- 「天に召された○○様の平安をお祈りいたします」
- 「○○様が安らかに眠られますようお祈りいたします」

▶神道

- 「御霊のご平安をお祈り申し上げます」
- 「安らかに眠られますよう」

故人を偲ぶ

葬式の作法は宗教ごとに異なりますが、故人を偲ぶ場面ではその違いが顕著に出ます。仏教式だと「焼香」、キリスト教では「献花」、神式だと「玉串奉奠」がそれにあたります。前の人の所作を真似するのでも問題ありませんが、基本的なマナーを知っておくと故人とのお別れに集中できます。

▶焼香

抹香をつまんでおじぎをするように目の高さまで捧げ、香炉に静かに落とす。回数は喪主に合わせる。

▶献花

右手に花の部分がくるように両手で持ち、献花台の前で花を90度時計回りに回し、茎が祭壇側に向くようにして献花台の上に置く。

▶玉串奉奠

玉串案の手前で一礼。玉串を回して根元を手前に。右手と左手を持ち替え、さらに右に回して根元を祭壇に向け、玉串案に供える。

Q 訪問先で和室に通されました。洋室と和室ってマナーは違う?

A ふすまの開け方、挨拶のしかたなどに違いがあります。「上座」「下座」も意識しましょう。

洋室での暮らしに慣れている私たちですが、日本人として和室でのマナーも知っておきたいところです。目上の方のお宅を訪問する際や高級な和食店での食事など、いざというときにあわてないためにも、頭に入れておきましょう。

和室には「床の間」という一段高くなった空間が設けられている場合があります。床の間の起源は諸説ありますが、室町時代に仏像や仏具

知っているとカッコいい和室のマナー

「ふすまの開け閉めの方法も決まっているの?」と、堅苦しく思うかもしれませんが、これは家に負担をかけず、長持ちさせるためでもあります。和室のマナーもまた、訪問先の相手のことを思う気持ちから生まれています。

ふすまは座って開け閉めする

正座し、引き手に近いほうの手を引き手にかけて少し開け、その手を親骨に沿って下から20センチくらいまで下げて体の正面まで引き、手をかえ反対の手で開けます。「失礼します」とあいさつして立ち上がって中に入り、再び正座して閉めます。

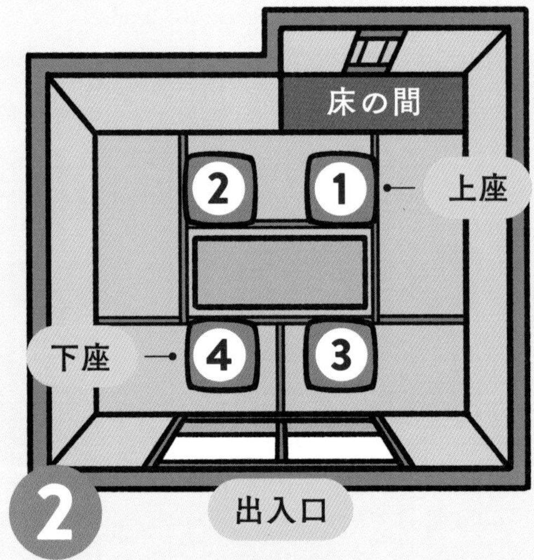

まずは下座に座る

1～4の順番で上座～下座。上座をすすめられても、まずは下座の座布団がない位置に正座しましょう。しばらく相手に待たされたとしても座布団を使わずに待つのがベストです。相手が座ったら正面を向き合って、畳に両手をついて正式な挨拶をします。

を置くために造られたという説が広く知られています。現代では掛け軸や生け花など、季節を象徴する飾りを置く場所に変化してきています。

いずれにしても床の間は、お客様をおもてなしする最上の部屋にあるもの。床の間のある和室に通されたら、マナーを守ったふるまいをしたいものです。

部屋での席次には、敬意やおもてなしの心を表すために「上座（かみざ）」「下座（しもざ）」という考え方があります。上座は、目上の人やお客様などが座る席のことで、下座は、上座に座る人をおもてなしする人が座る席です。一般的には出入口から一番奥にある場所が上座、出入口に近い場所が下座です。和室に床の間がある場合は、床の間にもっとも近い位置が上座、もっとも遠い位置が下座になります。

洋室でのマナー

75°

洋室と和室のマナーで大きく違うのは、洋室は立ったまま挨拶をすること。椅子の横に立ち、「お招きいただきありがとうございます」などと挨拶をして、視線を落として70〜75度の角度で一礼をします。洋室に床の間はありませんが、上座が出入口から遠いところ、下座が出入口から近いところという点は同じです。案内されなければ下座に座りましょう。

手順

1. ドアをノックして部屋に入る
2. 立ったまま挨拶する
3. 手土産を渡す
4. すすめられてから椅子に浅く座る

3 手土産を渡してから座布団に

挨拶が終わったら手土産を渡します。その後すすめられてから座布団に座りましょう。上座をすすめられたらこのときに移動します。初めは正座できちんと座るのがマナー。「足をくずして楽に」とすすめられてから足をくずしましょう。

和室のココ、踏まないで

トイレに立つときや移動するときは、畳のへりと敷居は踏まないようにしましょう。昔からへりや敷居には神様が住んでいると考えられており、大切にされてきたのです。畳のへりには家紋などが刺繍されていることもあり、それを踏むのは失礼にあたります。また、敷居の両側には柱があり、敷居を踏むと柱が傾き、家が傾くことにもつながります。

話し方にもマナーってあるよね？

A 敬語は、相手を敬う礼法に通じるもので言葉遣いのマナーでもあります。まずは正しい敬語を学びましょう。

美しい話し方、言葉遣いの人に出会って「素敵な人だなあ」と感じたことはありませんか。逆に言葉遣いが悪くてがっかり、ということもあるかもしれません。このように、きれいな言葉遣いは、あなたをより魅力的にみせます。とくに、敬語は相手への敬意を表すので、社会に出る前に身につけておきたいマナーとも言えます。

敬語には、大きく分けて3種類あります。相手を敬う尊敬語、自分がへりくだる謙譲語、ていねいな言葉にするていねい語・美化語です。

尊敬語は主に目の前の人や話題にしている人の行動に対して使います。「校長先生がおっしゃいました」など、相手を高める表現です。

謙譲語は自分や身内の立場を低くして、相手への敬意を表します。自己紹介で「○○と申します」というあいさつはよく使われる表現です。

ていねい語は、文章の最後に「です」「ます」「ございます」をつけて、目の前の相手に敬意を表す言葉です。「ご飯」や「おしょうゆ」など、言葉の前に「お」や「ご」をつける美化語もていねい語に含まれます。

敬語は、ちょっと意識すると自然と使い分けができていることに気付くはずです。たとえば、登校時に友だちには「おはよう」、先生には「おはようございます」と言い分けているのではないでしょうか。「ありがとうございます」や「いただきます」も敬語に含まれます。

基本をしっかりと学び、普段から使っていれば、入学や就職の面接でもあわてなくても済みます。先生や親戚の大人を相手に、どんどん使って、身につけておきましょう。

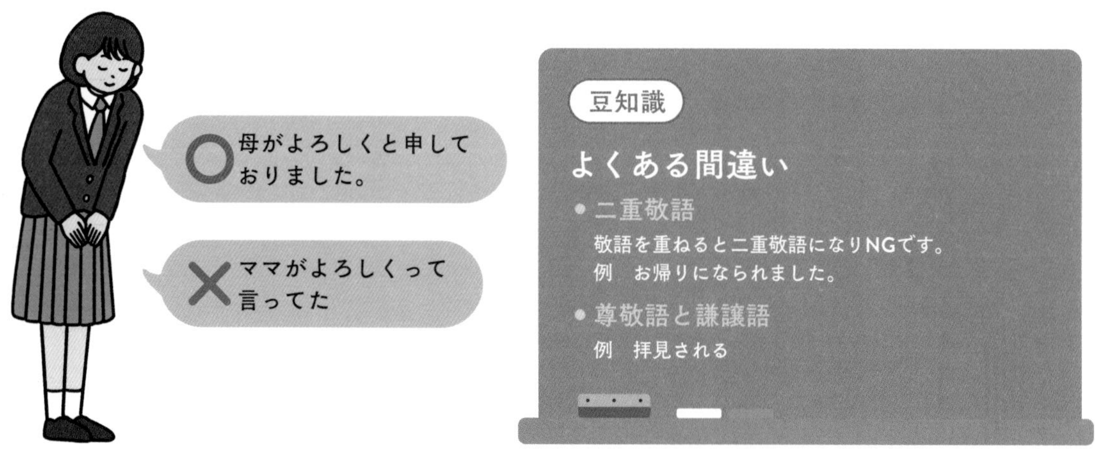

敬語の種類と変化

敬語には、相手を敬う尊敬語、自分がへりくだる謙譲語、言葉遣いがていねいなていねい語・美化語があります。相手や状況に応じて使い分けましょう。

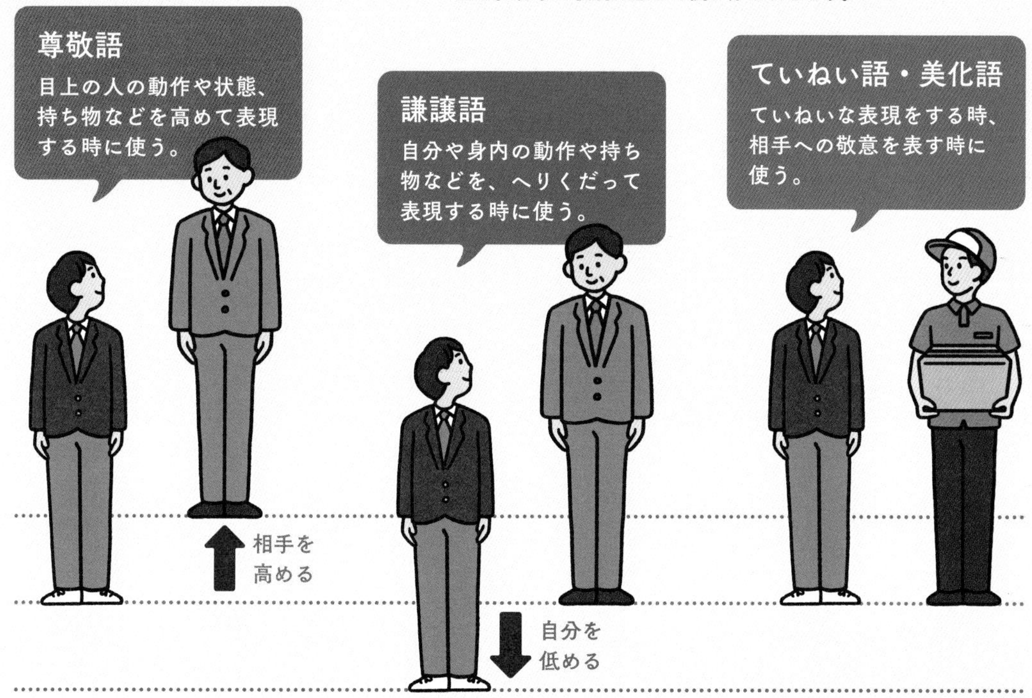

よく使う敬語

普段よく使う言葉を、それぞれ尊敬語、謙譲語、ていねい語に置きかえ、一覧にまとめました。

	尊敬語	謙譲語	ていねい語
言う	おっしゃる、言われる	申す、申し上げる	言います
聞く	お聞きになる、聞かれる	伺う、拝聴する、承る	聞きます
読む	お読みになる、読まれる	お読みする、拝読する	読みます
行く	いらっしゃる、行かれる	うかがう、参る	行きます
来る	いらっしゃる、お越しになる	うかがう、参る	来ます
食べる	召し上がる	いただく、頂戴する	食べます
飲む	お飲みになる、召し上がる	いただく、頂戴する	飲みます
会う	会われる、お会いになる	お目にかかる	会います
知る	ご存じ	存ずる、存じ上げる	知っています

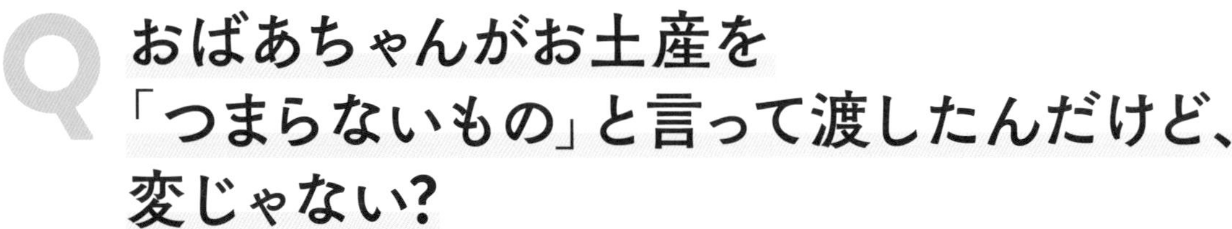

Q おばあちゃんがお土産を「つまらないもの」と言って渡したんだけど、変じゃない？

A 「あなたが素晴らしすぎて贈り物がつまらなく見えます」という相手を敬い、ほめる表現です。

おばあさまは、美しい大和言葉を上手に使われている素敵な方ですね。この場合、おばあさまも贈り物をもらった人も「つまらないもの」だとは思ってはいません。むしろ、とても喜んで受け取られたことでしょう。

「つまらないものですが」は、「一生懸命あなたのために選びましたがあなたがあまりにも素晴らしいので、私の持ってきたものがつまらないものに見えてしまいます」という、相手を敬っていることを最大限に表現している言葉なのです。

「つまらないもの」とは、もともと「取るに足らない」という意味です。だから、「立派なあなたを前にすると贈り物がつまらないものに見える」という意味合いが含まれた謙遜の表現の一種となっているのです。

語源は「日本初の国際人」と言われる新渡戸稲造が、明治時代に英文で書いた『武士道』の中の一節とされています。日本人の生き方、武士道のあり方を解説した本書は1899年に英語で出版され、世界中で大ヒットしました。その頃から日本人らしい言葉遣いだとされ、大切に使われてきたフレーズなのです。不思議なことに、英語や他言語でも似たような表現があります。感謝の気持ちや目上の人を敬う気持ちは万国共通のようです。

ただし、基本は謙譲表現ですから、お友だち同士のプレゼント交換などには向かない言葉です。また、世代によっては耳慣れないため、違和感を持たれることもあるかもしれません。

あなたが社会人になったら、取引先や目上の人にお礼の品やお土産を渡す時に使う場面もでてくるでしょう。

大切なことは贈り物と一緒に感謝の気持ちを伝えることです。型にはまった言い方ではなく、自分らしい表現で率直に感謝の気持ちを伝えましょう。

つまらないものですが＝謙譲の表現

人と接する時には、相手によって「対等」「尊敬」「謙譲」の3つの関係性があります。

言葉を交わす際は、友人同士の場合は対等の立場なので普通の会話で大丈夫ですが、先生や先輩に対しては尊敬語や謙譲語など、相手を敬う気持ちを表す言葉を使います。

謙譲の心とは

対等の立場から自分を低くへりくだることで、相手を高め、相手に敬意を表すことです。
逆に、相手を自分より高めることで敬意を表すことが尊敬です。

語源は武士道にあり！

新渡戸稲造は著書『武士道』(1900年、アメリカ合衆国）において、アメリカでは「相手にふさわしい素晴らしい品物」でないと相手に対する侮辱になるが、日本では、相手を品物で推し量ることが侮辱になるということを書いています。

『武士道』新渡戸稲造著
(1900年初版発行)

Q 入学祝の“ラッピング”。これが日本のマナー？

A それは「のし」と「水引」。贈り物にかける かけ紙の基本です。

贈り物のマナー「のし紙」「かけ紙」

かけ紙は、贈(おく)り物にかける紙の総称です。水引だけが印刷されたもの（右）と、水引とのしが印刷された「のし紙」（左）があります。のし紙は贈答と慶事に使われます。弔事やお見舞いなどでは、水引だけが印刷されたかけ紙を使います。

のし紙

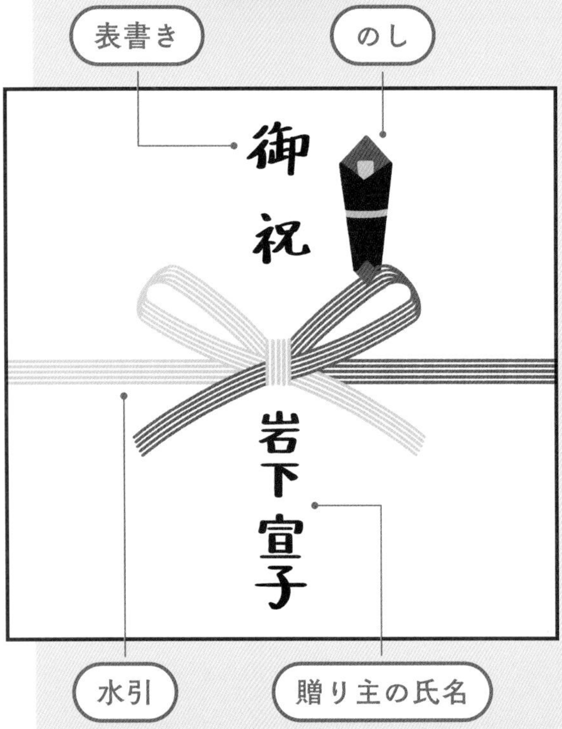

表書き　のし

御祝

岩下宣子

水引　贈り主の氏名

かけ紙

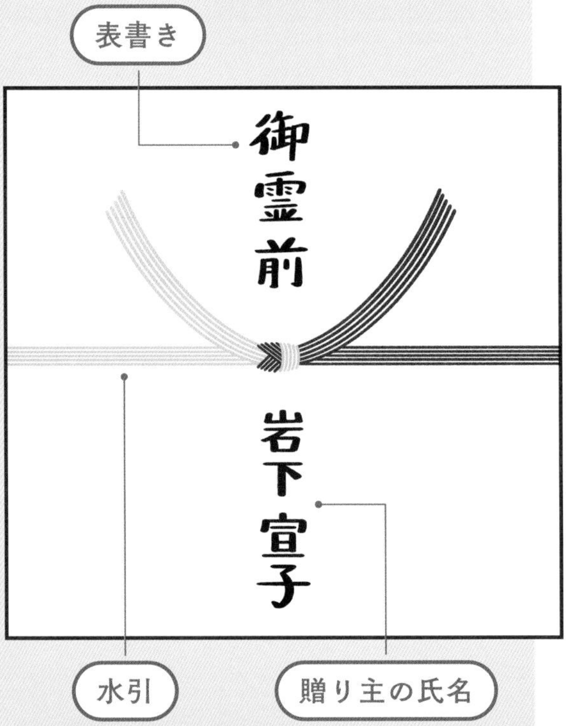

表書き

御霊前

岩下宣子

水引　贈り主の氏名

のし紙とかけ紙の使い分けは？

のしの前身であるあわびは生ものの代わりとして使われていたため、生鮮食品を贈る際にはつけません。また、生ものを供えてはいけないとされる悲しみ事の際にもつけません。弔事では水引のみが印刷された「かけ紙」を使います。

のし、水引を使い分けることで贈り物の目的や気持ちが伝わりやすくなります

冠婚葬祭など正式な場面で贈り物をする際には「のし」と「水引」がついた「かけ紙」をかけることが一般的です。リボンのついたラッピングも素敵ですが、かけ紙には表書きを記入するため、贈り物の目的がひと目でわかるよさがあります。

のしは昔、贈り物に縁起物のあわびを薄くして干した飾りを添えていたなごり。水引は和紙を細かく切ってよった「こより」を合わせて糊でかためたもの。贈り物を包んだ紙が開かないように使われていて、開封されていないことを保証する意味や、ひもを引いて結ぶということから、人と人を結びつけるという意味もありました。

現代ではそれらが簡略化されて、のしと水引が印刷された「のし紙」を贈り物にかけて贈るのが一般的になっています。

贈り物のマナーは、先人が相手を敬う気持ちから生まれたもの。正しい知識として知っておくと、相手を大切に思う気持ちが伝わります。

水引

水引は結び方によって、贈り主の心を表現する役割もあります。色や本数も目的によって違います。

蝶結び

何度でも結び直せることから、出産や入学、お歳暮など何度繰り返してもよいお祝いごとなどに使います。

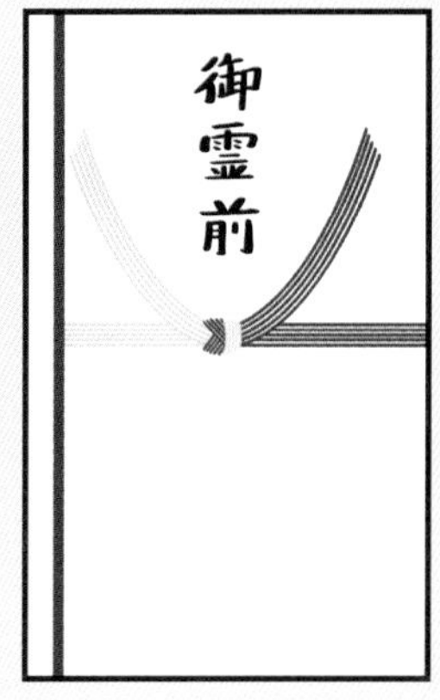

結び切り（結び留め）

一度結んだらほどけないことを意味し、結婚など一度きりにしたいお祝いごとや、不幸を繰り返さない願いを込めて弔事などで使います。

お金を贈るときのマナー

冠婚葬祭や日常のお付き合いの中でお金を贈るときは、祝儀袋・不祝儀袋に入れて渡すのがマナーです。

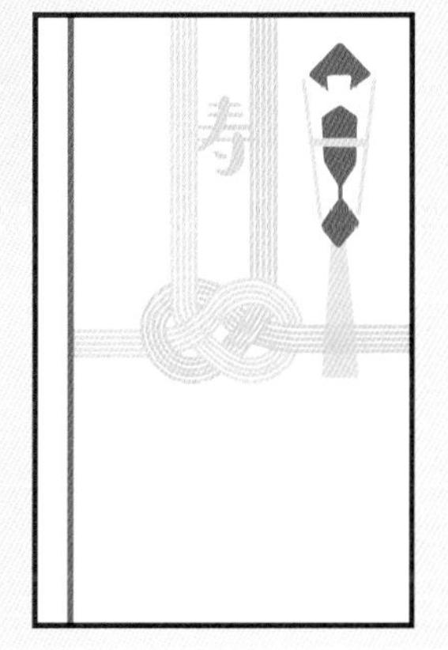

祝儀袋

結婚や入学など、慶事に使います。

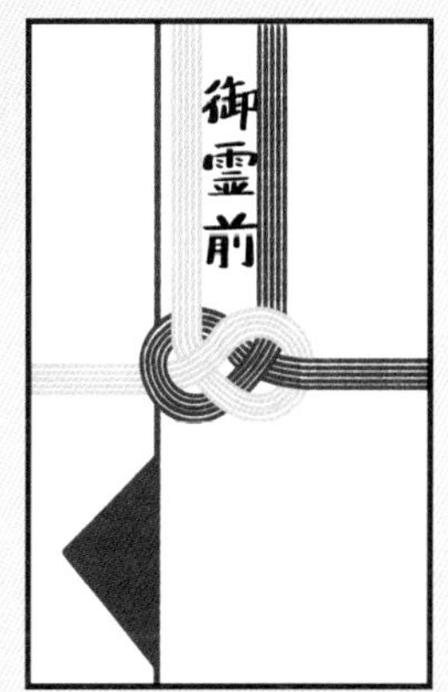

不祝儀袋

葬儀や法要などの弔事にはのしがない不祝儀袋で。

Q 神社で外国人にお参りのしかたを聞かれたけど、正しいやり方って?

A 厳格な決まりはありませんが「二拝二拍手一拝」が基本です。

近年、日本を訪れる外国人観光客が増加しています。観光客は日本の食事やアニメやゲームなどの文化のほか、自然や伝統、歴史的背景にも魅力を感じていて、その中のひとつとして「神社への参拝」をする人も多いようです。

そもそも神社とはどんなところでしょうか?神社は、日本発祥の宗教である「神道」の神々を祀(まつ)る施設です。

世界三大宗教であるキリスト教、仏教、イスラム教は、それぞれイエス、ブッダ、ムハンマドが開祖として知られています。これに対し神道は、自然や人、物や土地といったあらゆる存

神社参拝の基本の流れ

神社参拝に厳格な決まりはありませんが、神様に失礼がないよう、基本の流れをおさえておきましょう。

1 鳥居をくぐる前に一礼

鳥居は神社の外と内を分ける意味があり、ここから先は神様の領域とされています。鳥居をくぐる前に一礼し、神様に挨拶をしておきましょう。

2 参道は真ん中を避けて歩く

参道の真ん中は「正中(せいちゅう)」と呼ばれ、神様の通る道とされています。ここを避けて、少し左右に寄って歩くとよいでしょう。

3 手水舎(ちょうずや)で身を清める

「手水舎」で、柄杓(ひしゃく)に水をすくって左手→右手の順番に水をかけ、右手に持ち替えて左の手のひらに水を受けて、口をゆすぎます。

在を神として崇拝する「八百万の神」という概念です。ですから日本の神社はどんな信仰を持っているかにかかわらず、誰でも気軽に境内(神社の敷地)に入って参拝することができます。家が仏教という人も、初詣や七五三、合格祈願などで神社を参拝したことがある人がほとんどではないでしょうか。

神社をお参りする際には、厳格な決まりやマナーはありません。ただ、神様への敬意や心を込めてお参りしてきた古代からの変遷を経て、現在は「二拝二拍手一拝（二礼二拍手一礼ともいいます)」の作法が基本形になっています。拍手で手を叩く行為は、喜んだり、相手を賞賛したりするときに自然に出てくる人間の所作。こうした自然の行為が神様を拝む際に取り入れられるようになったようです。

お寺と神社って何が違うの？

お寺は仏教、神社は神道と、違った宗教の施設です。見た目の違いとしては、仏像やお墓があるところがお寺で、鳥居があるのが神社です。お寺をお参りするときのマナーも決まったものはありませんが、ご本尊へのお参りを忘れないようにしましょう。お参りは手を叩かず、手と手を合わせて合掌します。

4 本殿の鈴を鳴らす

神様がいるとされる本殿の前に立ち、鈴から垂れている紐の束をつかんで大きく揺すります。お賽銭を入れる場合はこのタイミングで。

5 二拝二拍手一拝でお参り

礼を2回し、2回音を鳴らして手を叩き、叩き終わったらそのまま合掌してお祈りをします。お祈りが終わったらもう一度礼をします。

PART 3 参考文献・資料

【書籍・論文・報告書】

- 『図解 日本人なら知っておきたいしきたり大全』岩下宣子 著 講談社
- 『マナーのすべてがわかる便利手帳』岩下宣子 監修 ナツメ社
- 『一生使える！大人のマナー大全』岩下宣子 監修 PHP研究所
- 『祝儀・不祝儀袋の書き方＆困った時の会話集 おつき合いの「お金と言葉」』岩下宣子 監修 主婦の友社
- 『知識ゼロからのお参り入門』茂木貞純・平井宥慶 監修 幻冬舎
- 『お寺と神社の作法ブック』田中治郎 著 学習研究社
- 『12歳までに身につけたいルール・マナーの超きほん』岩下宣子 監修 朝日新聞出版
- 『図解 社会人の基本 マナー大全』岩下宣子 著 講談社
- 『図解 社会人の基本 敬語・話し方大全』岩下宣子 著 講談社
- 『冠婚葬祭マナーの新常識―withコロナ時代に対応！』岩下宣子 監修 主婦の友社
- 『大人の冠婚葬祭マナー新事典』岩下宣子 監修 朝日新聞出版
- 『本当の幸せを手に入れるたったひとつのヒント』岩下宣子 著 主婦の友社

【Webサイト・記事】

- **「食文化のポータルサイト」農林水産省HP**
  https://www.maff.go.jp/j/keikaku/syokubunka/
- **『私たちの道徳　中学校』 文部科学省**
  https://www.mext.go.jp/component/a_menu/education/detail/__icsFiles/afieldfile/2014/12/01/1344901_4.pdf

1900年に日本国内で
刊行されたもの(英文)。

写真提供：新渡戸記念館

世界に向けて紹介された日本人の道徳感とは『武士道』新渡戸稲造(にとべいなぞう)

武士道には7つの徳
「義」「勇」「仁」「礼」「誠」
「名誉」「忠義」がある！

教育者で思想家の新渡戸稲造が『武士道』を著したのは西暦1900年、明治33年のことです。西欧に遅れて近代化の道を歩んでいた明治期の日本では、イギリスをはじめとする列強諸国の仲間入りを目指して、工業を中心とする産業の発展に力を注いでいました。当時、海外の先進的な知識を学ぶために、多くの日本人が海を渡りました。アメリカとドイツに留学した新渡戸稲造もその一人です。

世界で日本という国への関心が高まる中で、日本人の道徳観について、欧米人に紹介する目的で『武士道』は執筆されました。英語で書かれてアメリカで出版されたこの本は、翌年に日本でも翻訳書が刊行されたほか、後に世界中で翻訳書が広く読まれるようになりました。

本書は、キリスト教こそ西洋人にとって倫理観の基盤であるように、日本人の道徳観念の根源には、封建制度の中で生まれた武士道があると説明しています。今読むと、その内容の多くが、マナーに関する考えと共通していることに気付くでしょう。例えば次のような一文があります。

「体裁を気にして行うならば、礼儀とは浅ましい行為である。真の礼儀とは相手に対する思いやりの心が外にあらわれたもの。礼儀の最高の姿は愛と変わりありません」

この文章はそのまま、マナーの大切さを語っているのではないでしょうか。

『現代語訳 武士道』
新渡戸稲造 著
山本博文 訳
筑摩書房 刊

日本人の手で書かれた初の日本文化論でもある『武士道』を翻訳し、分かりやすい解説を加えた1冊。

考えは言葉となり、言葉は行動となり、行動は習慣となり、習慣は人格となり、人格は運命となる

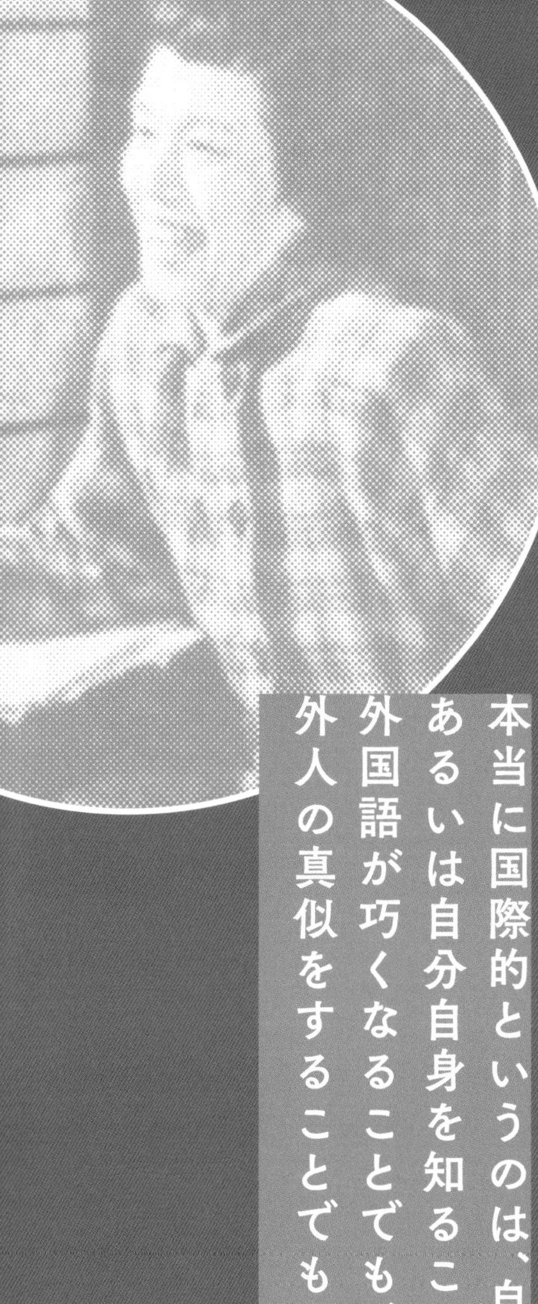

本当に国際的というのは、自分の国を、あるいは自分自身を知ることであり、外国語が巧くなることでも、外人の真似をすることでもないのである

白洲正子

PART 4

国際マナーを学ぼう

この章では、国際的な視野からマナーについて学びます。グローバル化が進む中、学校でも早期からの語学教育の導入などグローバル人材の育成が本格的に始まりました。一方、すでに私たちは外国由来の行事やモノに日常的に触れているにもかかわらず、その意味するところや背景にある文化や歴史をあまり学んでいません。これからのグローバル人材には語学力以上に教養が求められます。生活文化や習慣から生まれ、歴史的・宗教的な背景を持つマナーは教養の最たるもののひとつ。真の意味で国際人になるために国際的なマナーを学びましょう。

章もくじ

- 最近よく聞く「プロトコール」って何？ マナーとは何が違うの？
- オリンピックにもプロトコールがあるの？
- 海外で写真を撮るときピースしたらダメってホント？
- 外国の友だちが遊びに来るんだけど、宗教で食べられないものがあるみたい。
- 相手の容姿を「かわいい」とほめると失礼になるって本当？
- テーブルマナーを心得るのは何のため？
- 世界のマナーやルールをもっと知りたい！

Q 最近よく聞く「プロトコール」って何? マナーとは何が違うの?

A 文化や風習の違う国や人との交流がスムーズに行えるように定められた「儀式」や「儀礼」の世界基準です。

プロトコール(protocol)とは、英語で「儀式・儀礼」を表す言葉で、日本語では「国際儀礼」と訳されています。具体的には国際的な公式会議やイベントでの席順、あいさつの仕方、国旗掲揚の手順や段取りの基準のことを指し、昭和の時代には「外交儀礼」と訳されることもありました。同じ外来語でも「マナー」や「エチケット」とは区別して使われていましたが、近年ではグローバル化が進み、ビジネスや日常生活にもさまざまな国の文化が取り入れられ、「国際マナー」の意味合いで使っている人も多いようです。

「プロトコール」の目的は、さまざまな国や地域の人がお互いの文化を尊重し合い、円滑に交流できるようにすることです。出迎え方やあいさつ、振る舞いなど、文化や慣習の違いによって、自国では当たり前のことが他国では失礼にあたるケースもあります。そのため、国際基準を定めておくことで、文化や慣習の違いにかかわらずスムーズな交流が可能になります。

若い世代では、先にIT用語として耳にした人も多いかもしれません。「プロトコール」に反した方法や手順を行うと、通信エラーや障がいが発生することもあるので、「ルール」や「規約」として受け止められているようです。

「マナー」よりも「プロトコール」の方が、より公式的で儀式的な印象があります。言葉の意味は時代とともに変わりますが、「プロトコール」と「マナー」に共通しているのは、いつの時代も「他者への敬意と思いやり」です。この考え方を理解しておくことが大切です。

これからの国際化社会に対応するために、「敬意と思いやり」がかたちになった国際プロトコールやマナーを心がけたいものです。

マナーとプロトコールの違い

マナーは個人が心がけるもので、プロトコールは国家間の外交上の儀礼です。

▶マナー

個人的なお付き合いの中での相手への思いやりの心、礼儀・作法。日常生活やビジネスの場面など

例 ・テーブルマナー
・ビジネスマナー

▶プロトコール

外交や国際的な行事などにおける国家間の儀礼や決まり事。国際会議や儀式、公式行事など

例 ・席順や立ち位置
・国旗掲揚

国際プロトコールとは?

国際儀礼のルールや決まり事で、すべてにおいて平等が基本です。

❶ 国家間の儀礼上のルール。外交をスムーズに推進するための決まり事。

❷ 国際的な公式な場で、主催者側が示すルールのこと。

理念・精神

・先任者優先
・原則として右側が上位（国旗、座席など）

公式な国際会議での並び順

国際会議の席順や記念撮影の際の並び順は、プロトコールに従って決められています。

Licensed under public domains via Wikimedia Commons

▶右上位

基本は常に右側（向かって左側）が上位とされます。左右に並ぶ時は、写真のように右・左・右となります。

▶職務

上位より国家元首級（国王・大統領）、首相級、閣僚級の順になります。

▶就任時期

同じ職務同士の場合は、就任時期の早い順が上位になります。

中央に主催国（議長）が立ち、次に国家元首である大統領、行政トップの首相の順で、議長を基準にそれぞれ右、左と交互に並びます。常に右側が上位で、同じ立場では先に就任した人が優先です。

就任期間の長さで並び順が入れ替わる。

画像はすべて先進国首脳会議（G7）の集合写真です。すべて同じ法則に沿って並んでいますが、年度によって、就任時期による並び順の違いがわかります。

2015年 ドイツ・エルマウ

上位から4番目（就任6年目）

上位から5番目（就任3年目）

G7 Summit Leaders 2015 (cropped) Official White House Photo by Chuck Kennedy

2018年 カナダ・シャルルボア

上位から4番目（就任6年目）

上位から5番目（就任2年目）

44th G7 Summit Group Photo 内閣官房内閣広報室 CC BY 4.0

Q オリンピックにもプロトコールがあるの？

A 誰もが納得できるよう、開会式の入場順や表彰式の立ち位置などは、プロトコールに従って決められています。

プロトコールとは国際的な外交儀礼のことで、公式な場で複数の国が交流する時に守るべきルールです。「異文化の尊重」「序列に配慮」「右上位」「相互主義」「レディーファースト」の5原則に則って定められ、国際会議のほかにもスポーツ大会など、さまざまな国際交流の場で見ることができます。ここではオリンピックのプロトコールについて見てみましょう。

オリンピックのプロトコールは、すべて国際オリンピック委員会（IOC）が採択した「オリンピック憲章」に定められています。開会式の入場シーンでは、おなじみの大国から聞いたことのないような国や地域まで登場しますが、この順番もプロトコールによって決まります。

先頭は近代オリンピック発祥国であるギリシャ。最後尾は開催国が務めます。それ以外は、これまで「開催国の言語でのアルファベット順」でしたが、近年では、プロトコールの「異文化の尊重」の原則により開催国の言語表記が優先され、2021年の東京オリンピックでは「五十音順」が採用されました。最後から2番目と3番目には今後の開催国が並んでいます。

表彰式の並び順も、1位を中心に右手（向かって左）に2位の選手、左手に3位の選手が並びます。これはプロトコールの「右上位」の原則によるものです。

このように、国際儀礼において異文化の尊重や序列は大変重要なものです。決して適当に決めているのではなく、「誰もが納得できるルール」に従って決められているのです。国際儀礼というと身近なものではないと感じるかもしれませんが、今後、より一層国際化が進み、多様な国や文化の人々と交流する機会が増えていく現代においては、決して無関係なことではありません。さまざまな場面で円滑に物事を進める上でも、ぜひ身につけておきましょう。

プロトコールの5原則

- **異文化の尊重**
  お互いの国や地域の習慣、文化を尊重する
- **序列に配慮**
  公式行事や式典での並び順、席順、入場などの序列に配慮する
- **右上位**
  席順や並び順は常に右側（向かって左）を上位とする
- **相互主義**
  同等の返礼をするなど相互交流であること
- **レディーファースト**
  宗教的制限をのぞいて女性優先であること

オリンピックに見るプロトコール

オリンピックでは、プロトコールの5原則のほか、「オリンピック憲章」によって定められた様々な決まりごとがあります。

表彰式

1位の選手を中心に、右側（向かって左側）に2位の選手、左側（向かって右側）に3位の選手が並びます（右上位）。

「オリンピック憲章」とは？

国際オリンピック委員会（IOC）によって採択された「オリンピックのあるべき姿」であるオリンピズムの根本原則、規則、付属細則を成文化したもの。内容は、オリンピック・ムーブメントの組織、活動、運用の基準から、オリンピック競技大会の開催の条件など広範囲に及ぶ。

開会式

さまざまな趣向を凝らした華やかな演出や各国選手団の入場も、「異文化の尊重」というプロトコールの原則に則って取り決められています。

入場順のルールは開催国によって違う

各国選手団の入場順は、先頭のギリシャと最後尾の開催国以外は長らく「開催国の言語でのアルファベット順」が採用されてきましたが、近年ではそれぞれの文化を尊重した独自の順番となっています。

従来

開催国の言語でのアルファベット順

近年

各国の言語表記を尊重したもの

2008年 北京

中国語（簡体字）で最初の漢字の画数の少ない順

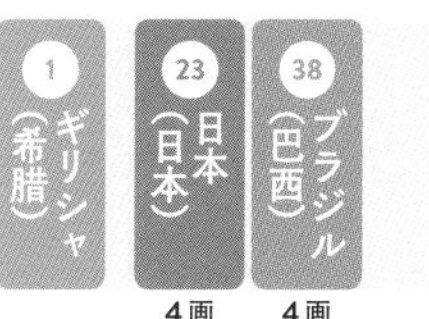

115 イギリス（英国）
123 フランス（法国）
204 中国（中国）

4画　4画　8画　8画

2012年 ロンドン

英語のアルファベット順

B　C　F　J

2016年 リオデジャネイロ

ポルトガル語のアルファベット順

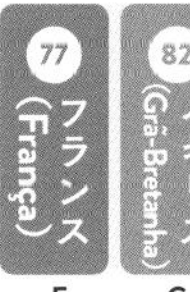

104 日本（Japão）

C　F　G　J

2021年 東京

五十音順　※フランスは次回開催国として最後から2番目に入場

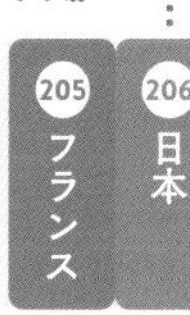

え　ち　ぶ

Q 海外で写真を撮るとき ピースしたらダメってホント?

A 国によってはネガティブなイメージを与えてしまうこともあり、マナー違反になります。

写真を撮るときの定番ポーズ、ピースサイン。実はギリシャでは「くたばれ」と相手を侮辱するハンドサインです。さらに、手の甲を外側に向けた"裏ピース"も日本の若者はよくしますが、イギリスやオーストラリア、ニュージーランドなどでは相手を性的に挑発する卑猥(ひわい)なサインとして知られています。

私たちがよくするハンドサインの中には、海外では違った意味で受け取られるものもあります。写真撮影やその他の場面でうっかりしてしまうと、マナーに反していると思われたり、思わぬトラブルに巻き込まれたりする可能性もあります。全てを覚えるのは大変かもしれませんが、海外に出かける前には、自分の渡航先でNGなハンドサインがないか、調べてみるとよいでしょう。

ちなみにピースサインは、アメリカなどの英語圏では、Victory(勝利)のVや、Peace(平和)を表していて悪い意味はありませんが、写真を撮るときには使いません。

写真を撮ってはいけない場所も…

日本にいるとあまり意識しませんが、海外では「写真を撮ってはいけない場所」も存在します。特に危険度が高いのが軍事施設。他にも注意が必要な場所があるので、写真を撮る前に「ここは撮影してもよい場所かな?」と確認する習慣をつけましょう。

- **軍事関係の施設**
  軍事施設が写り込んでいたら海外旅行者でも逮捕されることも。
- **国境付近**
  国によっては軍事上、防衛上の理由で撮ってはいけない場所。
- **美術館、博物館**
  基本的には撮影可能。一部撮影やフラッシュ禁止の場合もあるので注意。
- **空港、駅、港**
  基本的には撮影可能だが多くの人がいるので迷惑にならない程度に撮影を。

- **教会、寺院、宗教施設**
  観光地化している場所はOK。新興宗教施設などは撮らない方がベター。
- **政府関係の施設、警察署**
  スパイや犯罪者と疑われる可能性も。観光地の文化財の建物などはOK。

海外では注意！のハンドサイン

私たちが普段からよくするハンドサインの中にも、外国では失礼や侮辱の意味になってしまうものがあります。

❶ OKサイン

フランスでは「ゼロ＝役立たず」という意味に。ブラジルやペルーでは「自分は危険だぞ」という脅しや、性的に相手を侮辱する危険なサインとしてとられることも。

NGな国…フランス、ブラジル、ペルー、ベネズエラ、トルコなど

❷ ガッツポーズ

パキスタンでは相手を侮辱する意味になります。フランスやブラジルでは、片手だけガッツポーズをしてもう片方の手で腕を叩（たた）くと、中指を立てるのと同じ表現に。

NGな国…パキスタン、フランス、ブラジル

❸ サムズアップ

SNSや絵文字でもOKやgoodという意味で使われますが、中東、南米、西アフリカなどの一部では「くそくらえ」と、相手を侮辱する意味ととられることがあります。

NGな国…アフガニスタン、イラン、ギリシャ、イタリアなど

❹ ピース

ギリシャでは「くたばれ」と相手を侮辱する意味に。アメリカなどの英語圏ではVictory（勝利）のVで悪い意味はありませんが、写真を撮るときには使いません。

NGな国…ギリシャ

❺ 裏ピース

イギリスなどでは「やれるものならやってみろ」という挑発や侮辱のサインになります。さらに裏ピースを口元に近づけると卑猥な意味にもなります。

NGな国…イギリス、オーストラリア、ニュージーランド

❻ サムズダウン

起源は、古代ローマの闘技場で「殺せ」という意味で観客たちが行っていたサイン。今でも世界各国で相手を侮辱するサインなので、どこでもしないようにしましょう。

NGな国…全て

海外では言葉が通じにくい分、ハンドサインを使いたくなりますが、失礼にならないように注意しましょう

その他にも……

● 中指を立てる

「くたばれ！」「くそくらえ！」と相手を非常に挑発する仕草です。

NGな国…全て

● ストップサイン

ギリシャでは侮辱の意味。アメリカでは話を遮るときのポーズ。

NGな国…ギリシャ、アメリカ

● 小指を立てる

中国やシンガポールでは「できの悪いもの」「役立たず」を意味する場合が。

NGな国…中国、シンガポール、インドネシア

● 手招き

日本人の手招きは相手を遠ざける仕草。海外では手のひらを上に向けます。

NGな国…全て

● 頭をなでる

東南アジアでは頭や髪の毛は神聖なもの。他人の頭をさわると失礼に。

NGな国…タイ、インドネシアなど東南アジアの国

Q 外国の友だちが遊びに来るんだけど、宗教で食べられないものがあるみたい。

A 宗教が違っても、一緒に楽しく食事ができるよう、宗教による食事制約や習慣を知っておくとよいでしょう。

宗教人口と食の意識

信仰者の多い宗教の食に対する考え方や、禁じられている食材の一部について紹介します。

● 仏教

仏教では「**不殺生**」の戒律があることから、かつては肉食が避けられていました。そのため、「**仏の教えを守り、修行に専念するため**」に、肉や魚を使わない「**精進料理**」が生まれました。現代では、食事に関する制約は僧侶の修行や一部の宗派に限られます。

● キリスト教

キリスト教は、食事に関する規律は比較的ゆるやかです。一部の宗派によって、カフェインなど禁止されている食品もありますが、キリスト教全体としてはほとんど制約はありません。ただし、お酒で泥酔することは禁止されています。

その他
キリスト教
仏教
ヒンドゥー教
イスラム教

● ヒンドゥー教

ヒンドゥー教では宗教が生活の基礎となっているため、食に関する戒律がたくさんあります。肉食全般が禁忌とされ、中でも聖なる動物である牛と、不浄な動物とされている豚は食べることが厳しく禁じられています。また、食事のルールや作法に関しても、家族以外の人、特にカースト（インドの身分制度）の違う相手とは一緒に食べない、不浄の手である左手は使わない、人が口をつけたものは食べない……といった決まり事があります。

● イスラム教

イスラム法（シャリーア）では、食事のマナーや食事に関する厳しい規制があります。食べることが許されている食品や料理、行動を「**ハラール（許されている）**」、その反対を「**ハラーム（禁じられている）**」と呼びます。

ラマダン（断食月）

イスラム教徒には「**ラマダン（断食月）**」と呼ばれる期間があり、その間の日の出から日没までの時間帯は一切の飲食が禁止され、断食を行います。

グローバル時代に生きるみなさんは、これから様々な国や文化的な背景を持つ人と交流する機会がさらに増えることでしょう。多文化共生の社会の中で、宗教による「食事制約」をはじめ、相手の食の習慣を知っておくことは、国際人として大切なことです。

たとえば、イスラム教徒には、年に1回、およそ1か月にわたるラマダン（断食月）の習慣があります。ラマダンは神聖な月とされ、基本的には日の出から日の入りまでは飲食を断って心身ともに清めます。このため、この期間中にイスラム教徒を食事に誘うことは控えましょう。

各宗教の食事制約

宗教によっては食べることが禁じられている食材があるので、注意が必要です。

	キリスト教	イスラム教	ヒンドゥー教	ユダヤ教
肉	●宗派によるが、ほとんど可 ●カトリック教会では、レント(※1)の金曜日は不可	●豚肉は不可 (豚肉を調理した調理器具も不可。ラードやゼラチン等も不可)	●不可 (特に牛肉)	●鳥類：24種が禁止 (主に猛禽類(もうきんるい)) ●陸生動物：二つに割れているひづめのある反すう動物のみ可 (牛、鹿、羊等は可。馬、豚、ウサギ等は不可)
魚介	●宗派によるが、ほとんど可	●ほとんど可 (宗派によっては禁止の種類もあり)	●不可	●ヒレとうろこ、両方ある種類のみ可 (鮭、マグロ等は可。カニ、ナマズ等は不可)
卵	●可	●可	●不可	●コーシャ(※2)の鳥類の卵のみ可
乳製品	●可	●ほとんど可 (チーズやヨーグルト等にゼラチン等の禁物が入っている場合は不可)	●可	●コーシャ(※2)の動物の乳製品のみ可 ●肉類と同時に食べることは不可
飲酒	●ほとんど可 (宗派によっては罪として扱われることもある)	●不可 料理酒なども含む	●可	●コーシャ(※2)認定のお酒のみ可
その他	●カトリック教会では、レントの期間や特別な日には断食することもある	●ラマダン(イスラム暦の9月)の間は日の出から日没まで断食 (健康上の理由で断食できない人は除く)	●宗派によって様々な断食の習慣がある	●昆虫は全て禁止 ●特別な日に断食する習慣もある

※1 レント(Lent)：復活祭の46日前の水曜日から復活祭前日の土曜日までの期間
※2 コーシャ(Kosher)：ユダヤ教徒が食べてもいいとされる清浄な食品のこと

Q 相手の容姿を「かわいい」とほめると失礼になるって本当？

A 身体的特徴の話題がタブーとされる国・地域もあります。

日本人はよく、日常会話の中で「相変わらずスタイルが良いね」「目が大きくて素敵！」「手足が長い」「肌が白い」などと外見に関する話題を取り上げがちです。

ところが、欧米をはじめとする諸外国では、相手の容姿について指摘すること自体が失礼にあたる場合が多いので注意が必要です。

例えば、彫りの深い欧米人の顔を「鼻が高くてうらやましい」と言ったとします。発言した本人はほめたつもりでも、言われた側にとってはコンプレックスを抱いているかもしれません。さらに、肌や瞳の色について指摘する行為は、場合によっては人種差別であると受け取られるおそれもあります。不要なトラブルを回避する意味でも、容姿について直接触れることはやめましょう。

さらに、「かわいい」「イケメン」というように、整った容姿をほめる言葉であっても、人によっては不快に受け取るケースも少なくありません。何より大切なのは、言われた側がどう感じるかです。「ほめているのだからいいだろう」という考えではなく、常に相手がどう思うかを想像しながらコミュニケーションを図る必要があります。

このように、日本国内では特に問題ではないけれど、海外ではタブーとされている行為は他にもあります。海外旅行などで外国を訪れる際には、その国でしてはいけない行為が何なのかあらかじめ調べておくことが、異文化に対して敬意を払うことにつながります。

日本では大丈夫でも、海外ではタブーとされる行動

文化や考え方の違いから、日本では普通なのに、外国ですると失礼だとされている行為もあります。海外旅行の際には注意しましょう。

麺類をすすって食べる

日本人がそばなどを食べる際の「音を立てて麺をすする」行為は、海外では品がないと考えられています。

店員を大声で呼ぶ

海外の飲食店では、大きな声で店員を呼ぶのはマナー違反です。アイコンタクトで店員に知らせましょう。

トイレのドアをノックする

海外では、「トイレのドアが閉じている＝使用中」と考え、ノックをすると急がせていると受け取られます。

鼻をすする

欧米では、鼻水をすする音が不快であるとされています。ティッシュで鼻をかむか、ハンカチで拭きましょう。

知らない人とすれ違う時に目を伏せる

欧米では他人同士でも、すれ違う際に目を合わせて笑顔であいさつします。目を伏せるのは失礼だとされています。

手招きをする

手の平を下に向けた手招きは「向こうへ行け」を意味します。海外の手招きは手の平を上に向けて指を曲げます。

他の国にも同じ意味のことわざがあります

「郷に入っては郷に従え」は全世界共通？

「異文化の中では、現地のルールに従うべき」という考えは、どうやら世界共通のようです。国や地域ごとに風習、宗教的な決まりごと、食習慣の違いがあります。多様性の観点からも、それらの文化を尊重する姿勢は大切です。

英語圏

When in Rome, do as the Romans do.
（ローマではローマ人がするようにしなさい）

イタリア

Paese che vai, manuale che trovi.
（いく土地ごとに、その土地の慣習がある）

Q テーブルマナーを心得るのは何のため?

A 自分だけでなく周りの誰もが、食事をよりおいしく楽しむためです。

どこの国でもどんな場面でも、料理をおいしく味わい、食事を楽しむためにテーブルマナーはとても重要です。ここでは西洋料理の基本的なマナーについて考えてみましょう。

コース料理では、ナイフとフォークは外側に置かれたものから順番に使います。内側からだと動作が窮屈(きゅうくつ)になり、誤って落としてしまうこともあるからです。使う時はカチャカチャと音を立てないよう注意して使います。また、日本のそばなどは音を立ててすすることがありますが、西洋料理では一口ずつ切って、静かに口に運ぶのがマナーです。

ほかにもいろいろとありますが、同じテーブルを囲む人と気持ちよく食事を楽しむことを考えると、食べるペースを合わせることが大切です。一人だけ早すぎたり遅すぎたりすると、周りの人をあせらせたり、待たせたりすることになります。会食の席では、食べるのに集中したり、おしゃべりに夢中になるのではなく、会話も食事も楽しめるように心がけたいですね。

テーブルマナー上の注意

テーブルマナーにはさまざまな注意事項があるので知っておきましょう。

▶ナイフとフォークは振り回さない

会話に夢中になって振り回したり、人や物を指したりしてはいけません。

▶スープを飲む時は音を立てない

スープは「すする」のではなく「食べる」ように、音を立てないで口に入れます。

▶皿は持ち上げない

自分で皿を持ったり動かしたりせず、テーブルに置いたまま、ナイフとフォークを使って食べます。

▶料理を分け合わない

料理を分け合ったり取り替えたりするのはNGです。どうしてもシェアしたいときは係の人にお願いしましょう。

▶パンは口でかみきらない

そのまま口に運ばず、一口ずつ手でちぎって食べます。

▶足を組まない

食事中に足を組まないようにしましょう。テーブルを揺らす原因にもなります。

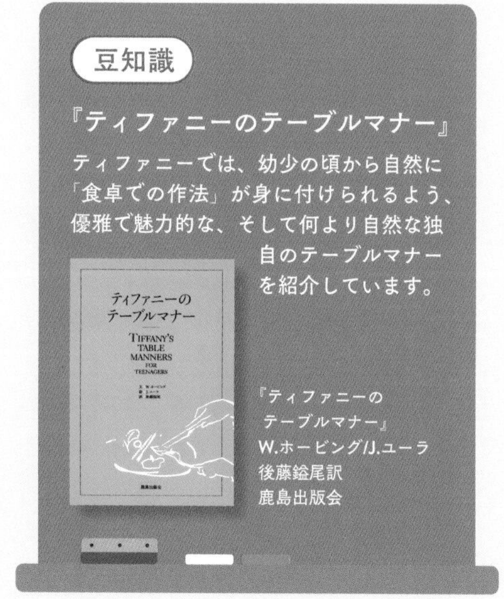

一般的なカトラリーの並べ方

西洋料理のコースでテーブル上に並ぶ一般的なカトラリーです。料理の品数や種類によって内容は変わります。

❶ ナプキン	❷ 位置皿	❸ スープスプーン	❹ オードブル用ナイフ
❺ 魚用ナイフ	❻ 肉用ナイフ	❼ オードブル用フォーク	❽ 魚用フォーク
❾ 肉用フォーク	❿ シャンパングラス	⓫ 白ワイン用グラス	⓬ 赤ワイン用グラス
⓭ 水用グラス	⓮ コーヒースプーン	⓯ デザートフォーク	⓰ デザートナイフ
⓱ バターナイフ	⓲ パン皿		

西洋料理のテーブルマナー

基本的なテーブルマナーを知っておくことで安心して食事を楽しめるでしょう。

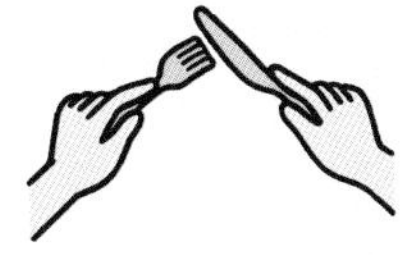

▶ナイフ、フォークの持ち方

ナイフは右手、フォークは左手で、それぞれ人差し指を背にあて親指で支えるように。フォークは先端が下を向くようにして持ちます。

▶食事中に手を休めるとき

ナイフとフォークは皿の上に「ハの字」になるように置きます。その際、ナイフの刃は内側（自分の方）に、フォークは背を上に向けます。

▶食事が終わったら

ナイフの刃は内側に、フォークは背を下にして皿の上で揃えます。

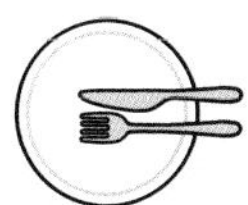

フランス式

3時の方向に揃えます。

イギリス式

6時の方向に縦に揃えます。

日本式

5時の方向に斜めに揃えます。

▶ナプキンの使い方

服に汚れが付くのを防いだり、口元や指先を拭ったりするのに使います。

広げるとき

二つ折りにして、折り目を手前にひざの上に広げます。

中座するとき

やむを得ず中座するときは、軽くたたんで椅子の上に置きます。

食事の後

汚れが見えないように簡単にたたんでテーブルに置きます。

Q 世界のマナーやルールをもっと知りたい!

▶ドアの後ろに人がいたら…

アメリカやヨーロッパでは、自分がドアを開けたときに後方に人がいたら、その人のためにドアを支えることがマナーとされています。後ろの人もドアを支えてもらえると思っているため、ドアを開けたときは後ろに人がいないか、きちんと確かめましょう。

▶チーズは追加できない

日本のレストランでは、パスタやピザなどにお好みでチーズを追加することもできますが、本場イタリアではこれはマナー違反。パスタもピザもシェフがベストだと考えるチーズの量にしているため、チーズを追加するという行為はシェフに対する侮辱だと捉えられるそうです。

▶花を贈るときは奇数本に

ロシアで花をプレゼントする場合は、本数に注意。プレゼントの花は奇数にするのがマナーです。お葬式では偶数の花をお供えするため、偶数だと縁起が悪いとされてしまうのです。

▶ご飯は“ちょい残し”が◎!

中国や韓国では、料理を完食すると「物足りない」「もっと食べたい」という合図になってしまいます。少しだけ残すことで「満腹になりました」という気持ちを表します。ただしこれは大皿の料理の場合。自分の皿に取り分けた分は食べきることがマナーです。

▶居眠りしたら罰金!?

アラブ首長国連邦の都市ドバイの地下鉄では、居眠りをすると約9000円の罰金が科せられます。さらに、水やガムを含むすべての飲食も禁止で、違反すると約3000円の罰金。観光客を含む多くの人が気持ちよく過ごせるように、公共の場所で細かなルールが決められているそうです。

A 違反すると罰金が科せられるものも！渡航前にはチェックを忘れずに。

▶ノックは4回が世界基準

ドアをノックするとき、2回「コン、コン」とノックしていませんか。国際ルール「プロトコール・マナー」では、4回が正式な回数とされています。2回のノックはトイレに人が入っていないか確認するとき用で「トイレノック」ともいわれています。

▶うっかり流し忘れると…

シンガポールでは公共の場所でトイレを流し忘れると、なんと約8万円の罰金。他にもゴミのポイ捨て、横断歩道以外のところを渡る、道につばを吐くといった行為に罰金が科せられます(ガムは国内に持ち込むだけで罰金！)。シンガポールの町が世界一きれいだと言われるのは、この細かいルールがあるからこそなんですね。

▶チップが必要な国もある

アメリカをはじめとする諸外国では、サービスを受けたときにチップを支払う習慣があります。チップとはレストランやホテルなどで受けたサービスへの対価として、商品そのものの料金とは別に払うお金です。チップの習慣のある国では、チップも給料の一部として考えられていますので、海外に行く前にはその国のチップの習慣と相場を調べていくとよいでしょう。

チップが必要な主な国

- アメリカ
- カナダ
- イギリス
- ドイツ
- イタリア
- オーストラリア
- 香港
- タイ
- ベトナムなど

▶左手を使って食べない

イスラム教やヒンドゥー教の人たちにとって左手は「不浄の手」。食事や握手、物を渡すなど日常生活の全ての作業は右手で行われます。イスラム圏、ヒンドゥー圏の国ではできるだけ左手を使わず、右手を使うようにしましょう。

イスラム教徒が多い国

- インドネシア
- マレーシア
- フィリピンなど

ヒンドゥー教徒が多い国

- インド
- ネパールなど

“郷に入っては
郷に従え”ですね

PART 4 参考文献・資料

【書籍・論文・報告書】

- 『マナーとエチケットの文化史』ベサニー パトリック 著　上原裕美子 訳　原書房
- 『12歳までに身につけたいルール・マナーの超きほん』岩下宣子 監修　朝日新聞出版
- 『図解 社会人の基本 マナー大全』岩下宣子 著　講談社
- 『図解 社会人の基本 敬語・話し方大全』岩下宣子 著　講談社
- 『図解 日本人なら知っておきたいしきたり大全』岩下宣子 著　講談社
- 『マナーのすべてがわかる便利手帳』岩下宣子 監修　ナツメ社
- 『一生使える！大人のマナー大全』岩下宣子 監修　PHP研究所
- 『冠婚葬祭マナーの新常識―withコロナ時代に対応！』岩下宣子 監修　主婦の友社
- 『大人の冠婚葬祭マナー新事典』岩下宣子 監修　朝日新聞出版
- 『本当の幸せを手に入れるたったひとつのヒント』岩下宣子 著　主婦の友社
- 『ティファニーのテーブルマナー』W.ホービング/ J.ユーラ 著　後藤鎰尾 訳　鹿島出版会
- 『国際ビジネスのためのプロトコール』寺西千代子 著　有斐閣

【Webサイト・記事】

- **「テーブルマナーの歴史」 日本金属洋食器工業組合**
  https://www.youshokki.com/
- **「国際儀礼(プロトコール)」 外務省HP**
  https://www.mofa.go.jp/mofaj/gaiko/protocol/index.html
- **公益財団法人日本オリンピック委員会HP**
  https://www.joc.or.jp/
- **『私たちの道徳　中学校』 文部科学省**
  https://www.mext.go.jp/component/a_menu/education/detail/__icsFiles/afieldfile/2014/12/01/1344901_4.pdf

column

64

The dessert may be eaten with the fork in the left hand (prongs down) and the spoon in the right. Eat with the spoon. The fork here serves only as a pusher.

If it is pie or cake, only the fork need be used; if ice cream or pudding, the spoon. The other piece is left on the table.

65

The same "rest" position of the fork and spoon is used as in the case of the knife and fork during the meat course. Place the fork prongs down, lying over the spoon.

This is the "I am finished" position of the fork and spoon: bowl up, prongs down.

映画『ティファニーで朝食を』は世界的大ヒットに

『TIFFANY'S TABLE MANNERS FOR TEENAGERS』Fiftieth- Anniversary Edition（英語版）
Random House Books for Young Readers 刊

ティファニーの会長が顧客用につくった冊子

『ティファニーのテーブルマナー』

おしゃれなマナー本として人気のこの本は、もともと世界的な宝石ブランドのティファニー社が顧客にプレゼントするためにつくった冊子でした。

1837年にニューヨークで文房具屋として創業したティファニーは、その後、宝石や銀食器などの商品を扱い高級店に発展していきます。

そして、1961年、オードリー・ヘップバーン主演の「ティファニーで朝食を」という映画が世界中で大ヒットすると一気に名前が広まります。でも、当時は実際に食事ができるレストランやカフェがあるわけではなく、主人公があこがれるエレガントな生活の例えとして店名が使われたのでした。

当時の会長は「エレガントの本質は高級品を身に着けたり、持ったりすることではなく、普段のふるまいにあること」という考えのもと、普段の生活の中で身に着くテーブルマナーの本を10代向けに書いたのです。そして、「マナーを守ることが大事なのではなく、生活や食事を楽しむためにマナーがある」というメッセージを、ユーモアあふれる文章とイラストに込め、絵本のような冊子に仕上げました。

冊子が発行されると、世界中から「読みたい」「手に入れたい」という声があがり、瞬く間に多言語で翻訳され、世界的なベストセラーになりました。日本でも1969年に出版され、入学祝いやお誕生日プレゼントの定番として、今も売れ続けているロングセラーになっています。

『ティファニーの テーブルマナー』
W.ホービング 著
J.ユーラ 絵
後藤鎰尾 訳
鹿島出版会 刊

レストランでコース料理を食べる際のテーブルマナーを、優美なイラストを交えて解説します。

用語集&索引

【Iメッセージ】
あいめっせーじ

「私」が主語のメッセージ。自分が本当に言いたいことと相手への配慮が伝わりやすい。 P36

【上座／下座】
かみざ／しもざ

上座はお客様や目上の人が座る席、下座は上座に座る人をおもてなしする人が座る席のこと。上座／下座は相手への敬意やおもてなしの心を示す考え方のひとつ。 P58

【冠婚葬祭】
かんこんそうさい

結婚式、葬式、成人式、年中行事など、人の一生にまつわる重要な行事のこと。 P56

【クッション言葉】
くっしょんことば

「うれしいんだけど」など、後に続く言葉の聞こえ方がマイルドになる言葉。ネガティブな印象をやわらげたり、相手への敬意や好意を表したりすることができる。 P38

【くらしのマナー】
くらしのまなー

ゴミ出しや、トイレの使い方、家の中の共有空間の使い方など日常生活の中で必要なマナー。 P18,28,40,44,46,66

【慶弔マナー】
けいちょうまなー

結婚、出産などのお祝い事(慶事)や葬儀などのお悔やみ事(弔事)の際のマナー。 P19,56,64

【謙譲語】
けんじょうご

自分がへりくだる敬語。「申し上げる(言う)」「いただく(食べる)」「拝見する(見る)」など。 P60

【公共マナー】
こうきょうまなー

電車やバスなど公共の乗り物や、図書館、公園などの公共施設を利用するときのマナー。 P18,32,34,36,72,74

【語先後礼】
ごせんごれい

言葉を先に伝えてからおじぎをすること。ていねいなあいさつ、一般的なあいさつのマナーとして浸透している。 P21

【祝儀／不祝儀】
しゅうぎ／ぶしゅうぎ

結婚など喜ばしいお祝いの際に贈る金品や物／葬式などの弔事の際にお悔やみの気持ちを込めて渡す金品。不祝儀は香典ともいう。 P42,65

【食事制約】
しょくじせいやく

宗教によって禁じられている食材があることや、断食の習慣などのこと。 P78

【接客マナー】
せっきゃくまなー

お客様に接するときに求められる所作に関するマナー。「清潔感」「明るく」など、おもてなしの基本。 P18

【尊敬語】
そんけいご

相手を敬う敬語。「おっしゃる(言う)」「召し上がる(食べる)」「ご覧になる(見る)」など。 P60

【TPO】

てぃーぴーおー

時(Time)、場所(Place)、場面(Occasion)の頭文字をとった言葉。状況に応じた行動をするときに「TPOをわきまえる」などと使う。 P16,22

【ていねい語】

ていねいご

文章の最後に「です」「ます」をつけて、相手に敬意を表す敬語。おはようのていねい語は「おはようございます」。 P60

【テーブルマナー】

てーぶるまなー

同じ時間と空間を共有しながら食事を食べるための食卓作法のこと。和食、洋食、中華それぞれに正しいマナーがある。 P10,18,52,82

【床の間】

とこのま

和室に設けられている一段高くなった空間。お客様をおもてなしする最上の部屋にあり、家の中で一番神聖な場所とされている。 P58

【ドレスコード】

どれすこーど

場所や時間、シーンに応じた服装の基準・ルールのこと。全部で7種類に分けられる。 P54

【のし】

のし

慶事における贈り物に添える、干したあわびの飾り。現代はのしと水引が印刷された「のし紙」を贈り物にかけるのが一般的。 P64

【美化語】

びかご

「ご飯」「お肉」など、言葉の前に「ご」や「お」を付けること。美化語はていねい語に含まれる。 P60

【ビジネスマナー】

びじねすまなー

仕事をする際に求められるマナーのこと。電話やメール、文の書き方、名刺交換など場面に応じたマナーがある。 P18

【プロトコール】

ぷろとこーる

「儀式・儀礼」「国際儀礼」の世界基準。国際的な公式会議やイベントでの席順、あいさつの仕方、国旗掲揚の順番や段取りの基準のこと。 P72,74

【平服】

へいふく

ドレスコードの分類のひとつで、「インフォーマル(略礼装)」のこと。 P55

【水引】

みずひき

祝儀袋や不祝儀袋、お正月飾りなどにあしらわれている紐のこと。現代は贈り物にかける「のし紙」や「かけ紙」に印刷されていることもある。 P64

【YOUメッセージ】

ゆーめっせーじ

「あなた」が主語になったメッセージ。「あなたは〇〇ですね」という言い方は、相手が決めつけられたと感じる可能性がある。 P36

おわりに

「あなたのことがとても大切です」マナーを学んだら実践してみよう

本書を手にとっていただきありがとうございます。

当編集部では、少し変わった書籍の作り方をしています。編集部に寄せられた中高生からの「こんな内容の本が読みたい」という声をもとにテーマを選定し、記者がみなさんの代わりに専門家や研究者などに取材し、その内容をQ&Aにまとめるという編集方法です。

本書も「学校でマナーについて習ったけど、校則との違いがよくからない」「外国の友だちに神社のお参りの仕方を聞かれたんだけど、よく考えると自分も知らない」といった、中学生や高校生からの問い合わせが発行のきっかけとなりました。

さっそく、ご連絡したのがマナー講師歴50年を超える専門家で、数多くの著書もある岩下宣子先生です。集まった声を岩下先生にお送りすると、「まあ、子どもたちの質問って視点が面白いですね。どうお答えしようかワクワクします」というお返事が返ってきました。

こうして始まった編集作業。岩下先生は常に明るくにこやかに、マナーの基本とその「理由」を解説してくださるので、記者たちも「あっ、だからそれはNGなのですね。初めて意味が分かりました」と、取材現場は毎回、まるで“ワクワク授業”の学校のようになっていました。

そんな岩下先生はこう語ります。

- マナーとは「あなたのことが大切です」というメッセージを「かたち」で表しているもの
- もし、マナーが誰かを傷つけるものであれば、それはマナーそのものが間違っている
- 「あの人、フォークとナイフ間違って使っていて恥ずかしいわね」などと言う人がいたら、その人こそがマナー違反

「マナーの基本は思いやり」であって、大事なことは「かたち」よりも、その時その場に応じて「あなたのことが大切」という気持ちが伝わる言動をすること。だからこそ基本の「かたち」を学んでおくことがとても大事だということです。

本書には、私たちが編集を通して学んだことをできる限りあなたにも伝えようとまとめました。「なるほど」「これいいなあ」という項目があったなら、今日からさっそく実践してみてください。そして、もしなにか変化があれば、またお便りください。

この本を手にとってくれたあなたに楽しい学びと心豊かな時間が流れますように。

社会応援ネットワーク　高比良美穂

マナーってそもそも何?
調べてみよう!
話し合ってみよう!

「なぜこのような所作が必要なのか?」その理由についてはあまり知られていません。テーマを決めて、調べたり話し合ったりしてみましょう

考えてみよう!

- 身だしなみとおしゃれの違いは?
- 人はなぜ服を着るの?
- 電車の中でスマホの会話は、OK? NG?
- 最近よく聞く言葉について
  - よろしかったですか?
  - 大丈夫です
  - ～のほう
  - ～になります

図解でわかるシリーズ既刊

「図解でわかる」シリーズ

好評発売中!

カラー図版満載!!

図解でわかる 14歳から学ぶ これからの観光

定価　本体1500円＋税

「そもそも観光って何?」「どんな伝統文化があるの?」「観光の仕事は?」観光にまつわる歴史や現代の観光、実際のプラン作成方法まで網羅し図解で解説。世界中の人々が観光で交流し、人種や民族、宗教など、互いに理解を深め、平和な社会の実現をめざす1冊。

図解でわかる 14歳からの ストレスと 心のケア

定価　本体1500円＋税

ストレスとは何かを知り、自分自身に適したストレス対処方法を身につけられる実践的な本。子どもだけでなく、保護者や教職員に向けた内容も充実。

図解でわかる 14歳からの 金融リテラシー

定価　本体1500円＋税

「NISAって何?」「将来、何にお金がかかるの?」などの素朴な疑問から、金融全般の知識を網羅。具体的なトラブル対処法も掲載し、実践的な内容に。

図解でわかる 14歳からの LGBTQ＋

定価　本体1500円＋税

「LGBTQ+って何?」「LGBTQ+だと学校で困ることはあるの?」など、性やジェンダーの問題を、素朴な疑問を切り口にひも解いていきます。自分らしく生きるために必読の1冊。

図解でわかる 14歳からの 自然災害と防災

定価　本体1500円＋税

「地震で電車が止まって帰れない。どうしよう!!」「自宅避難中に断水。トイレは?」現場・状況ごとに違う災害対策を、自分で考えて臨機応変に行動できる力をつける本。

●＝インフォビジュアル研究所 著　●＝社会応援ネットワーク 著

図解でわかる
ホモ・サピエンスの秘密

定価　本体1200円＋税

最新知見をもとにひも解く、おどろきの人類700万年史。この1冊を手に、謎だらけの人類700万年史をたどる、長い長い旅に出よう。

図解でわかる
14歳から知る日本戦後政治史

定価　本体1200円＋税

あのことって、こうだったのか！　図解で氷解する日本の戦後政治、そして日米「相互関係」の構造と歴史。選挙に初めて行く18歳にも必携の1冊！

図解でわかる
14歳からのお金の説明書

定価　本体1200円＋税

複雑怪奇なお金の正体がすきっとわかる図解集。この1冊でお金とうまく付き合うための知識を身につける。

図解でわかる
14歳から知る影響と連鎖の全世界史

定価　本体1200円＋税

歴史はいつも「繋がり」から見えてくる。「西洋/東洋」の枠を越えて体感する「世界史」のダイナミズムをこの1冊で！

図解でわかる
14歳から知っておきたいAI

定価　本体1200円＋税

AI（人工知能）を、その誕生から未来まで、ロボット、思想、技術、人間社会との関わりなど、多面的にわかりやすく解説。AI入門書の決定版！

図解でわかる
14歳からの地政学

定価　本体1500円＋税

シフトチェンジする旧大国、揺らぐEUと中東、そして動き出したアジアの時代。これからの世界で不可欠な「平和のための地政学的思考」の基礎から最前線までをこの1冊に！

図解でわかる
14歳から知る人類の脳科学、その現在と未来

定価　本体1300円＋税

人類による脳の発見から、分析、論争、可視化、そして――。脳研究の歴史と最先端。

図解でわかる
14歳からの天皇と皇室入門

定価　本体1200円＋税

いま改めて注目を浴びる天皇制。その歴史から政治的、文化的意味まで図解によってわかりやすく示した天皇・皇室入門の決定版！

図解でわかる
14歳から知っておきたい中国

定価　本体1200円＋税

巨大国家「中国」を俯瞰する！　中国脅威論や崩壊論という視点を離れ、中国に住む人のいまとそこに至る歴史をわかりやすく図解！

図解でわかる
14歳からの宇宙活動計画

定価　本体1500円＋税

旅する、はたらく、暮らす、知る…宇宙はどんどん身近になる。2100年までの宇宙プロジェクトはもう動き出している。その時、きみはどこにいる？

SDGsを学ぶ

SUSTAINABLE DEVELOPMENT GOALS

図解でわかる 14歳から知る 生物多様性

定価
本体1500円＋税

私たちの便利な暮らしが生物の大絶滅を引き起こす!?　あらゆる命はつながっている。地球だけがもつ奇跡の多様性を守るためにいま知っておくべきこと。気候変動と並ぶSDGsの大問題。

関連するSDGs

図解でわかる 14歳からの 脱炭素社会

定価
本体1500円＋税

日本が2050年を目処に実現すると表明した「脱炭素社会」。温室効果ガスの排出量「実質ゼロ」を目指し、自分も、地球も、使い捨てないために、私たちができることは？　次世代の新常識を学ぶ。

関連するSDGs

図解でわかる 14歳からの LGBTQ＋

定価
本体1500円＋税

「LGBTQ+って何？」「LGBTQ+だと学校で困ることはあるの？」など、性やジェンダーの問題を、素朴な疑問を切り口にひも解いていきます。自分らしく生きるために必読の1冊。

関連するSDGs

図解でわかる 14歳から知る 気候変動

定価
本体1500円＋税

気候変動に対して人類にできる事は何なのか？多発する水害から世界経済への影響まで、いま知っておきたい、気候変動が引き起こす12のこと。アフターコロナは未来への分岐点。

関連するSDGs

●＝インフォビジュアル研究所 著　●＝社会応援ネットワーク 著

図解でわかる
14歳から知る ごみゼロ社会

定価
本体1500円＋税

私たちにとって身近な「ごみ」と、どのように向き合っていけばよいのか。人類とごみの長い歴史から、ごみゼロ社会への道。日本にもリサイクル率80%の町がある。未来をごみで埋もれさせないために。

関連するSDGs

図解でわかる
14歳からの プラスチックと 環境問題

定価
本体1500円＋税

海に流出したプラスチックごみ、矛盾だらけのリサイクル、世界で進むごみゼロ運動。使い捨て生活は、もうしたくない。その解決策の最前線。

関連するSDGs

図解でわかる
14歳からの 水と環境問題

定価
本体1500円＋税

地球の水システムに何が起きているのか。SDGsの大切な課題、人類から切り離せない「水」のすべて。「水戦争の未来」を避けるための、基本知識と最新情報を豊富な図で解説。

関連するSDGs

図解でわかる
14歳から 考える 資本主義

定価
本体1500円＋税

資本主義が限界を迎えた今、SDGsがめざす新しい社会のあり方を考える。「どの本よりもわかりやすく"経済"を図解している」経済アナリスト・森永卓郎氏推薦！

関連するSDGs

図解でわかる
14歳から知る 食べ物と人類の1万年史

定価
本体1500円＋税

WFP（国連世界食糧計画）が2020年ノーベル平和賞を受賞したわけは？「生きるための食べ物」はいつから「利益のための食べ物」になったのか。食べ物史1万年を追う。

関連するSDGs

監修 岩下宣子（いわしたのりこ）

現代礼法研究所主宰
特定非営利活動法人
マナー教育サポート協会 理事相談役

全日本作法会、小笠原流でマナーを学び、1985年に現代礼法研究所設立。マナーデザイナーとして、企業、学校、団体などでマナーの指導を行う。書籍・雑誌、テレビ番組の監修などでも幅広く活躍。著書・監修書に『本当の幸せを手に入れるたったひとつのヒント』『冠婚葬祭「マナーとお金」最新ハンドブック』（主婦の友社）、『図解 社会人の基本 マナー大全』（講談社）など。

著 社会応援ネットワーク

全国の小中学生向けの『子ども応援便り』編集室が、2011年の東日本大震災時、「メッセージ号外」を発行したのを機に設立。同時に文部科学省等から委託を受け、被災地に「子どもの心のケア」の出張授業や教職員向けの動画配布を行う。以降、全国の4、5、6年生全員に『防災手帳』を無料配布するなど、学校現場からの「今、これが必要」の声に徹底して応えるプロジェクトを展開。心のケア、防災、共生社会、SDGsの出張授業や教材作り、情報発信を続ける。コロナ禍では、「こころの健康サポート部」を立ち上げた。書籍に『図解でわかる　14歳から学ぶこれからの観光』（太田出版）など。

社会応援ネットワークのYouTubeチャンネル
https://www.youtube.com/channel/UCkk4mlgqnYLxB-h7-6_cl4A

こころの健康サポート部
https://kokoro-support.info

イラスト　坂本伊久子
図版制作・デザイン　小野安世、榎本理沙、川畑日向子（細山田デザイン事務所）
アートディレクション　細山田光宣
校正　鷗来堂
企画・構成・執筆　高比良美穂、柴野 聰、佐藤真紀、高坂健彦（社会応援ネットワーク）
監修　岩下宣子

図解で学ぶ
14歳から身につける国際マナー

2024年6月18日 初版第1刷発行

著者　一般社団法人社会応援ネットワーク
発行人　森山裕之
発行所　株式会社太田出版
〒160-8571
東京都新宿区愛住町22第三山田ビル4階
Tel. 03-3359-6262　Fax. 03-3359-0040
https://www.ohtabooks.com
印刷・製本　中央精版印刷株式会社

ISBN978-4-7783-1940-3　C0030